Livros e Subversão

Apoio: CNPq

Sandra Reimão (org.)

Livros e Subversão
Seis Estudos

Copyright © 2016 by Sandra Reimão

Direitos reservados e protegidos pela Lei 9.610 de 19.02.1998.
É proibida a reprodução total ou parcial sem autorização, por escrito, da editora.

Dados Internacionais de Catalogação na Publicação (CIP)
(Câmara Brasileira do Livro, SP, Brasil)

Livros e Subversão: Seis Estudos / Sandra
Reimão (org.). – Cotia, SP: Ateliê Editorial, 2016.

ISBN 978-85-7480-743-0
Vários autores.
Bibliografia.

1. Ditadura – Brasil – História 2. Editores e indústria editorial – Brasil – História 3. Livros – Brasil – História I. Reimão, Sandra.

16-06508   CDD-070.50981

Índices para catálogo sistemático:

1. Brasil: Ditadura: Editores e livreiros: História   070.50981

Direitos reservados à
ATELIÊ EDITORIAL
Estrada da Aldeia de Carapicuíba, 897
06709-300 – Granja Viana – Cotia – SP
Tels.: (11) 4612-9666 e 4702-5915
www.atelie.com.br
contato@atelie.com.br

Impresso no Brasil 2016

Foi feito o depósito legal

Sumário

Introdução 9

1. "Zueno, Zoany, Zwenir": Rastros da Vigilância ao Jornalista Zuenir Ventura Durante a Ditadura Militar – *Felipe Quintino* 13

2. Do Erótico ao Político: A Trajetória da Global Editora na Década de 1970 – *Flamarion Maués* 35

3. Livros como Prova de Subversão: Um Processo Judicial – *Ana Caroline Castro* 67

4. *Revista Civilização Brasileira*: Resistência Cultural à Ditadura – *Andréa Lemos* 91

5. Uma Edição Perigosa: A Publicação de *O Estado e a Revolução*, de Lenin, às Vésperas do AI-5 – *Sandra Reimão, Flamarion Maués e João Elias Nery* 119

6. "Quem Muda o Mundo São as Pessoas" – A Banca da Cultura do Crusp – *Sandra Reimão, Flamarion Maués e João Elias Nery*............................. 147

Referências Bibliográficas........................... 169

Introdução

A força dos livros enquanto veículo de difusão de ideias é reconhecida e temida pelos regimes autoritários; é deste temor que nascem as atividades censórias contra livros.

Esta coletânea reúne seis estudos que são resultados de pesquisas sobre casos, ocorridos no Brasil entre 1964 e 1985, em que livros foram vistos pelo poder ditatorial como possíveis instrumentos de subversão da ordem estabelecida e assim como potenciais inimigos a serem combatidos. Este livro também apresenta, por outro lado, estudos sobre editores e livreiros que fizeram de suas atividades profissionais uma forma de luta por mudanças da realidade social. Os estudos aqui publicados envolveram análise de documentos, muitos deles pouco estudados e mesmo inéditos.

No texto "'Zueno, Zoany, Zwenir': Rastros da Vigilância ao Jornalista Zuenir Ventura Durante a Ditadura Militar", Felipe Quintino mostra como se dava a vigilância e a perseguição aos suspeitos de subversão, em particular aos acusados de vinculações ou simpatias com ideias comunistas. Quintino encontrou documentos do Dops referentes a uma sindicância instaurada para investigar a remessa de onze livros de "natureza subversiva" trazidos da França por solicitação de Ventura.

Livros e Subversão

No ensaio "Do Erótico ao Político: A Trajetória da Global Editora na Década de 1970", Flamarion Maués aborda a singular trajetória: de uma editora generalista para uma editora de livros políticos.

O estudo de Ana Caroline Castro no artigo "Livros como Prova de Subversão: Um Processo Judicial" mostra-nos como a posse de vinte e um livros de "literatura comunista" foi o primeiro item arrolado na acusação de subversão contra Francisco Gomes, militante da Ação Libertadora Nacional (ALN). A acusação contra Francisco Gomes é parte do processo 102 do Projeto Brasil: Nunca Mais.

O editor Ênio Silveira, concomitantemente à sua grande e relevante atuação no mundo dos livros, editou também periódicos, com destaque para a *Revista Civilização Brasileira*. Esse periódico e seu fechamento, motivado por ameaças e intimidações da repressão – como o atentado a bomba contra a Livraria Civilização Brasileira, em outubro de 1968, além de pressões econômicas, como as restrições ao crédito bancário depois do golpe – são os temas do texto de Andréa Lemos.

As consequências de uma conjuntura de fechamento político sobre editores e livreiros são analisadas nos artigos de Sandra Reimão, Flamarion Maués e João Elias Nery.

Em "Uma Edição Perigosa: A Publicação de *O Estado e a Revolução*, de Lenin, às Vésperas do AI-5" os autores analisam como a decretação do AI-5 levou à prisão dos editores da obra de Lênin, feita por uma pequena editora de Niterói, Rio de Janeiro, em outubro de 1968, ou seja, cerca de dois meses antes do AI-5, e ao fim do projeto original da própria editora, que pretendia ter uma atuação política e de intervenção.

No estudo denominado "'Quem Muda o Mundo São as Pessoas' – a Banca da Cultura do Crusp" os autores estudam a livraria que

Introdução

foi fundada em fevereiro de 1967 e que manteve-se em funcionamento no Conjunto Residencial da Universidade de São Paulo (Crusp) até 17 de dezembro de 1968, quando tropas do II Exército invadiram o Conjunto.

*****

Acreditamos que o conjunto dos textos que compõem este livro permite uma visão clara e ampla do sentido político e de intervenção social que a edição de livros tem, em especial em momentos nos quais as liberdades democráticas são atacadas.

Seja como elementos de prova de uma possível ação subversiva (artigos de Ana Caroline Castro e Felipe Quintino), seja como o resultado do trabalho organizado de editores e livreiros que buscam intervir na vida social (artigos de Andrea Lemos, Flamarion Maués, Sandra Reimão e João Elias Nery), os livros são encarados pelos poderes repressivos como algo a ser vigiado e, se possível, impedido de circular. O poder que os livros possuem, a força das ideias impressas, por sua capacidade de difusão, é que dá aos impressos – e em especial aos livros – seu significado cultural e político insubstituível na história; e àqueles que os produzem, um papel particular no processo de criação intelectual.

******

1

"Zueno, Zoany, Zwenir": Rastros da Vigilância ao Jornalista Zuenir Ventura Durante a Ditadura Militar

Felipe Quintino

> *O que será, que será?*
> *Que andam suspirando pelas alcovas*
> *Que andam sussurrando em versos e trovas*
> *Que andam combinando no breu das tocas*
> *Que anda nas cabeças, anda nas bocas*
> *Que andam acendendo velas nos becos*
> *Que estão falando alto pelos botecos*
> *E gritam nos mercados que com certeza*
> *Está na natureza*
>
> *Será, que será?*
> *O que não tem certeza nem nunca terá*
> *O que não tem conserto nem nunca terá*
> *O que não tem tamanho*
>
> CHICO BUARQUE, *O Que Será? (À Flor da Terra)* álbum *Meus Caros Amigos*, 1976.

A propaganda anticomunista e as ações dos serviços de informações atingiram diversos setores da vida nacional durante a ditadura militar. Entidades estudantis, sindicatos, igrejas e movimentos sociais foram alguns deles. Criado em junho de 1964 pelo general Golbery do Couto e Silva e com sugestões de consultores norte-americanos, o Serviço Nacional de Informações (SNI) produziu dossiês sobre milhares de pessoas consideradas potencialmente "subversivas".

Somente extinto em 1990, o SNI, que chegou a ter 2500 funcionários, contava com uma agência central, em Brasília, agências regionais, secretaria administrativa e uma inspetoria geral de finanças. A dinâmica do sistema e a busca de "segurança absoluta efetivamente transformaram o SNI numa agência de espionagem dos cidadãos, numa situação em que verificava impossível isolar o 'inimigo interno', todos eram suspeitos"[1]. Além dos órgãos da administração pública, o Exército, a Marinha e a Aeronáutica também contavam com seus centros de informação.

No caso brasileiro, os órgãos de informação não se limitaram ao recolhimento de dados, mas integraram o sistema repressivo, "fornecendo dados desvirtuados sobre os brasileiros, julgando subjetivamente cidadãos sem direito de defesa, participando de operações que culminaram em prisões arbitrárias, torturas e assassinatos"[2]. Os documentos abasteciam a própria comunidade de informação, a presidência da República e assessores diretos, constituindo "não em um amontoado caótico de folhas dispersas", mas configuraram "uma rede intertextual produtora de efeitos eficazes de sentido e de convicção"[3].

Um grupo de jornalistas foi alvo dessa vigilância, com informes sobre as atividades dos profissionais e questões que, na visão desses órgãos, deveriam ser alertadas aos integrantes do governo. Este artigo aponta rastros desse monitoramento em relação ao

---

1. Maria Helena Moreira Alves, *Estado e Oposição no Brasil (1964-1984)*, Bauru, SP, Edusc, 2005, p. 87.
2. Carlos Fico, *Como Eles Agiam – Os Subterrâneos da Ditadura Militar: Espionagem e Polícia Política*, Rio de Janeiro, Record, 2001, p.105.
3. *Idem*, p. 21.

jornalista Zuenir Ventura, relacionando com outros profissionais de imprensa também vigiados na mesma época. Reconhecido e prestigiado entre seus pares no mundo da imprensa, como revelam os discursos de profissionais da comunicação e livros sobre o jornalismo, Zuenir Ventura tem extensa produção de textos publicados durante o regime militar, principalmente, relacionados ao cenário da cultura brasileira. Em dezembro de 1968, ele foi preso no Rio de Janeiro acusado de "subversão" e dividiu cela com o psicanalista Hélio Pellegrino.

Para o entendimento desse percurso, consideramos importante a interface entre a comunicação e a história, como forma de lidar com essa ação de Zuenir na dinâmica de um processo social e historicamente compreendido. Nessa relação entre a comunicação e a história, as pesquisadoras Marialva Barbosa e Ana Paula Goulart Ribeiro afirmam que a história da comunicação deve envolver uma "interpretração que descortine processos comunicacionais produzidos e vividos (e transformados) pelas práticas de múltiplos atores sociais"[4], além de refigurar "um mundo que existe nos rastros e restos, mas sobretudo como estrutura imaginativa recolocada em cena por aquele que arvora o direito de trazer o passado para o presente"[5].

TRAJETÓRIA E CIRCUITOS PROFISSIONAIS

Zuenir Ventura nasceu em Além Paraíba (MG) e foi criado na cidade mineira de Ponte Nova até os onze anos. Passou parte da

---

4. Marialva Barbosa & Ana Paula Goulart Ribeiro (orgs.), "*Comunicação e História – Um Entre-lugar*", *Comunicação e História – Partilhas Teóricas*, Florianópolis, Insular, 2011, p. 15.
5. *Idem*, p. 26.

adolescência em Friburgo (RJ), onde teve o seu primeiro emprego como aprendiz de pintor de parede. O pai dele, conhecido como Zezé Ventura, era pintor na cidade. Também trabalhou de faxineiro num bar, *office-boy* numa agência bancária, em laboratório de prótese dentária, balconista de uma camisaria e professor primário.

Na juventude, morou no bairro carioca de Vila Isabel. Entrou, em 1954, para o curso de Letras na Universidade do Brasil, atual Universidade Federal do Rio de Janeiro (UFRJ). Lá foi aluno de professores com ampla formação na área de humanidades, entre eles Cleonice Beradinelli, José Carlos Lisboa, Alceu Amoroso Lima, Celso Cunha, Roberto Alvim Corrêa, Thiers Martins Moreira, Maria Arminda Falabella e Bella Jozef. O poeta Manuel Bandeira também foi um dos seus professores. Na universidade, atuou como assistente de Língua Portuguesa do professor Celso Cunha no curso de Jornalismo. Posteriormente, o próprio Zuenir tornou-se professor do curso de Jornalismo da UFRJ.

Indicado pelo professor Hélcio Martins, Zuenir começa a trabalhar como arquivista no jornal *Tribuna da Imprensa*, de propriedade de Carlos Lacerda. Com horário de trabalho de seis da tarde à meia-noite, a função envolveria o recorte de jornais, a separação de fotografias e o atendimento aos repórteres. Em uma ocasião, ele passava na redação quando Carlos Lacerda perguntou quem poderia escrever um artigo sobre a morte do escritor Albert Camus, autor de *A Peste*, *O Estrangeiro*, entre outros. Ele se prontificou a fazer. O texto foi publicado em 5 de janeiro de 1960, com o título "Camus, o Humanista".

A partir desse texto e de sua repercussão entre os colegas, ele passa a atuar na redação, como jornalista efetivamente. Poucos meses depois, Zuenir ganhou uma bolsa do governo francês para estudar no Centre de Formation de Journalistes, em Paris, onde morou de outubro de 1960 a novembro de 1961. Ele mandava matérias como correspondente para a *Tribuna da Imprensa*. A passagem de João Goulart por Paris antes de se tornar presidente e o encontro de cúpula que reuniu o presidente John Kennedy e o dirigente soviético Nikita Kruschov, em Viena, foram alguns dos temas abordados nas reportagens. Sobre esse encontro, mandou para o Brasil a matéria: "Encontro de K & K Foi Útil, Franco, Sério e Cordial".

Do começo da sua carreira até a década de 1980, final da ditadura militar, ele trabalhou em *Tribuna da Imprensa, Diário Carioca, Correio da Manhã*, revistas *O Cruzeiro, Fatos e Fotos, Visão, Veja, Isto É* e *Jornal do Brasil*. Nesse período, testemunhou o cenário de efervescência cultural e política, a geração de 1968 no Brasil, o surgimento da tropicália, as produções do cinema novo, o recrudescimento do regime após o Ato Institucional nº 5, a atuação da censura, entre outros assuntos.

INFILTRAÇÃO COMUNISTA

Os rastros e vestígios da vigilância ao jornalista Zuenir Ventura foram obtidos na documentação dos arquivos do Departamento de Ordem Política e Social (Dops), sob a guarda do Arquivo Público do Estado do Rio de Janeiro (Aperj). A documentação integra o fundo "Polícias Políticas do Rio de Janeiro"[6], que contém corres-

---

6. Os documentos desse fundo integravam o arquivo ativo do Departamento Geral de Investigações Especiais, último órgão de polícia política no Rio de Janeiro. Herdou documentos de todos os órgãos da polícia política no Rio de Janeiro. O fundo reúne cerca de 120 mil prontuários, três mil pastas agrupadas em 58 setores, dois milhões e quinhentos mil fichas e centenas de códices. Os dossiês, organizados fisicamente em pastas/setores, contêm relatos de investigação, correspondência de outros órgãos de informação, boletins, termos de declaração, fotografias, recortes de jornais e documentos apreendidos (ver: Arquivo Público do Estado do Rio Janeiro, *Os Arquivos das*

pondência de outros órgãos de informação. Foram levantadas referências ao nome do jornalista em pedido de busca, sindicância, relatório, prontuários, informes, entre outros materiais. Alguns desses documentos mobilizaram jargões e imprecisões sobre o mundo da comunicação.

O nome dele foi grafado de maneiras diferentes. As formas Zoany, Zueno, Zoenir e Zwenir apareceram nos documentos (muitos deles sigilosos), além da grafia correta Zuenir. As primeiras menções ao nome do jornalista fazem parte de uma listagem, de maio de 1964, pouco tempo depois do golpe militar. Trata-se do informe número 1069 (secreto), em que o Serviço Federal de Informações e Contrainformações (SFICI)[7] diz que "encontram-se infiltrados na imprensa, os seguintes comunistas": Jânio de Freitas, José Silveira, Leo Schalapman, Ana Arruda, Fernando Pessoa, Ferreira Gullar, José Maria Mayrinck, Zuenir Ventura, Darwin Brandão, José Mauro, Claudio Melo e Souza, Paulo Francis, Mauritonio Meira, Félix Athaide, Otto Maria Carpeaux, Otávio Malta, Edísio Gomes de Mattos e José Pinto Lima. Ficou registrado para o informe ser distribuído ao Dops da Guanabara.

Foi ao próprio Dops, em 15 de outubro de 1968, pouco tempo antes de ser preso, que Zuenir compareceu para ser ouvido sobre uma sindicância (de número 56) instaurada em 17 de julho daquele

---

Polícias Políticas: Reflexos de Nossa História Contemporânea, Rio de Janeiro, Faperj, 1994.

7. O Serviço Federal de Informações e Contrainformações (SFICI) foi oficialmente o primeiro serviço secreto brasileiro, criado em 1946, pelo presidente Eurico Gaspar Dutra. Ficou subordinado ao Conselho de Segurança Nacional. Efetivamente, a organização do SFICI ocorreu em 1956, no governo Juscelino Kubitschek. Esses dados foram obtidos no glossário publicado em *A Escrita da Repressão e da Subversão, 1964-1985* (Vivien Ishaq; Pablo Franco & Tereza de Sousa, *A Escrita da Repressão e da Subversão, 1964-1985*, Rio de Janeiro, Arquivo Nacional, 2012).

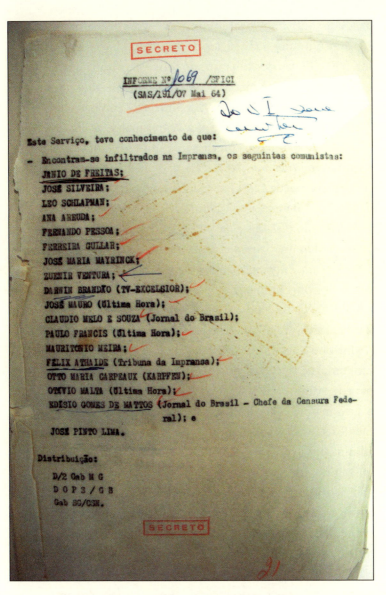

Fig. 1: *Informe 1069* (*Fonte:* Arquivo Público do Estado do Rio de Janeiro).

ano. O assunto tinha relação com onze livros de "natureza subversiva" encontrados na bagagem do arquiteto Marcos Flaksman, no momento de seu desembarque no Rio de Janeiro vindo da cidade de Paris. Por determinação de um delegado do Dops, agentes foram ao armazém da Alfândega do Rio de Janeiro para examinar a bagagem de Flaksman, composta de três malas.

Segundo o auto de apreensão, foram recolhidos os seguintes livros: *Révolution dans la révolution,* de Régis Debray, *Le socialisme & l'homme,* de Che Guevara, *La construction du socialisme en Chine,* de C. Bettelheim, J. Charrière e H. Marchisio, *Citations du président Mao Tsé-Tung,* da "editions du Seuil", *Soviet Marxism,* de Herbert Marcuse, *Souvenirs de la guerre révolutionnaire,* de Ernesto Che Guevara, *L'homme unidimensionnel,* de Herbert Marcuse, *Pour Marx,* de Louis Althusser, e *Marx 1968.* Um boletim em espanhol editado em Cuba e um volume da Biblioteca de Cultura Histórica também estavam no rol de materiais apreendidos.

Em outro documento sobre essa sindicância, os agentes afirmaram que, "na sua quase totalidade, trata-se de obras já traduzidas para o português ou divulgadas pela imprensa diária ou periódica" e que, em uma das malas, havia várias "coleções de *slides,* aparentemente relativas a obras de arte". Informado sobre isso, um major da administração do porto teria ficado com a incumbência de deliberar sobre o destino dos *slides,* até mesmo fazendo a projeção deles.

Em depoimento que prestou sobre esse caso, Marcos Flaksman afirmou que nove livros pertenciam a Zuenir, embora estivessem em sua bagagem. Os seus eram *Révolution dans la révolution* e *Citations du président Mao Tsé-Tung,* comprados em Paris, onde ele estava com bolsa de estudos recebida por meio do acordo cultural Brasil-França. Em sua declaração, com a presença de comissário e escrivão, Zuenir disse que solicitou a Marcos, em Paris, que trou-

sindicância 56/68.

ESTADO DA GUANABARA
SECRETARIA DE SEGURANÇA PÚBLICA
AUTO DE APREENSÃO NA FORMA ABAIXO:

Aos oito dias do mês de novembro do ano de mil novecentos e sessenta e oito, na séde desta Delegacia de Ordem Política e Social, onde se encontrava presente o Dr. Carlos Alves de Albuquerque, Delegado-Substituto, comigo escrivão ao final nomeado e assinado, aí presentes as testemunhas Armando Tavares de Salles, Oficial de Administração, e Ibere Carneiro, Guarda Civil, ambos lotados nesta Delegacia, pela mesma autoridade foi determinado a apreensão dos seguintes / livros, objetos da arrecadação da bagagem de Marcos Flaksman, no Armazém de Bagagem da Alfândega do Rio de Janeiro; "révolution dans la révolution" de Régis Debray, em idioma francês; "Le socialisme à l'homme" de E. Che Guevara, em idioma francês; "La construction du socialisme en Chine", de C. Bettelheim, J. Charrière e H. Marchisio, em idioma francês; "Citations du président Mao Tse-toung" da "editions du Seuil", em idioma francês; um Boletim Tricontinental, publicado em espanhol, número vinte e um, editado em Cuba; "Soviet Marcism" de Herbert Marcuse, crítica analísta, em idioma inglês; um volume da Biblioteca de Cultura Histórica - Octobre Rouge, editado em idioma francês; "Souvenirs de la guerre revolutionnaire" de "Ernesto Che Guevara", editado em francês; "L'Homme Unidimensionnel" de Herbert Marcuse, editado em francês; "Pour Marx" de Louis Althusser, editado em francês; "Marx 1968" número 164/165 - Mars-Avril 1968- tratando de economie et politique. E nada mais/ havendo determinou a autoridade o encerramento do presente, depois de lido e achado conforme, assina com as testemunhas. Eu, Alcyon M. dos / Reis, escrivão de polícia, o datilografei e assinei.

Fig. 2: *Auto de apreensão* (*Fonte*: Arquivo Público do Estado do Rio de Janeiro).

xesse para o Brasil alguns livros e roupas porque tinha lugar em sua bagagem e informou que encontrava-se na Europa a serviço da revista *Visão*, razão pela qual necessitaria daqueles livros que ele iria trazer. O escrivão registrou ainda o fato de Zuenir ter dito que, somente no seu retorno ao Brasil, tomou conhecimento de que as obras já tinham sido traduzidas. O despacho sobre esse episódio opinou pelo arquivamento, pois não houve "tipicidade entre tais fatos e a Lei de Segurança Nacional".

Esse caso de apreensão foi um dos muitos que aconteceram, principalmente, entre 1964 e 1968, quando também eram constantes batidas policiais em livrarias, editoras e gráficas. As ações confiscatórias ocorriam de forma primária, improvisada, efetuadas por pessoas mal treinadas para esse tipo de operação, e eram justificadas através da necessidade de garantir a Segurança Nacional e a ordem moral[8]. A medida tinha o objetivo de confiscar todo material considerado subversivo. Nessa fase, do golpe militar à decretação do AI-5, a censura a livros no país "foi marcada por uma atuação confusa e multifacetada e pela ausência de critérios, mesclando batidas policiais, apreensões e coerção física"[9].

Em junho de 1970, ocorreu nova mobilização para apurar informações repassadas por um telefonema anônimo. De acordo com o telefonema recebido pela seção de Ordem Política, o capitão Carlos Lamarca, um dos líderes da oposição armada à ditadura, foi visto no jornal *Correio da Manhã*, entre 11:30 e 12 horas, "com os cabelos pintados de loiro e nariz modificado por operação plástica, conversando com os seguintes indivíduos: Zoany Ven-

---

8. Alexandre Ayub Stephanou, *Censura no Regime Militar e Militarização das Artes*, Porto Alegre, Edipucrs, 2001, p. 215.
9. Sandra Reimão, *Repressão e Resistência: Censura a Livros na Ditadura Militar*, São Paulo, Edusp/Fapesp, 2011, p. 20.

tura, Marcelo Alencar, Washington Novaes, Tereza Porciuncula e Reinaldo Jardim". O agente registra que o "informante telefônico demonstrando nervosismo incontrolado, gaguejando inclusive, temendo por certo, por sua integridade física e moral, negou-se categoricamente, a revelar seu nome, apesar de nossa insistência, desligando o aparelho em seguida". Na resposta ao pedido de apuração, três meses depois, um agente auxiliar da Polícia Federal afirmou que "não foi confirmada a denúncia anônima".

Outra solicitação de "veracidade dos fatos" envolveu o nome de Zuenir junto com o também jornalista Tarso de Castro. Segundo documento confidencial, os dois "teriam lançado o jornal *Já*", em maio de 1971. Além disso, "consta mais que um jornal tablóide, inserido no consumo, nos moldes do jornal *Ya*, de Montevidéu, que foi fechado em fevereiro deste ano pelo governo uruguaio, sob a alegação de pôr em risco a ordem e a tranquilidade do país". Dados sobre a "qualificação e os antecedentes" dos dois jornalistas foram pedidos.

Em documento do Dops, agentes disseram que Tarso de Castro atuou, na década de 1960, como secretário do *Panfleto* – "*Jornal do Homem da Rua*", "o qual está relacionado entre jornais, revistas etc., que fizeram propaganda subversiva e que podem ser enquadrados nas organizações auxiliares Cripto ou Para Comunistas", além de o órgão ter sido "porta-voz" do político Leonel Brizola. Também registram que, em novembro de 1970, quando ele era diretor do jornal O *Pasquim*[10], foi "recolhido" ao Dops e depois transferido

---

10. Em novembro de 1970, parte da equipe da redação do jornal *O Pasquim* foi presa no Rio de Janeiro. Sérgio Cabral e Jaguar, que foram à polícia com alguma esperança de resolver o assunto, também acabaram presos. O jornal fez referência à prisão como o "surto de gripe que numa verdadeira reação em cadeia assolou a equipe do jornal". Nesse período, acontece "o rush da solidariedade. Todos os amigos, jornalistas e escritores, passaram a mandar colaborações e o jornal sobreviveu" (José Luiz Braga,

para o Q.G. do Núcleo da Divisão Aeroterrestre. Sobre o jornal *Já*, que motivou o pedido de investigação, apontaram que Tarso de Castro era diretor presidente desse periódico que editava "reportagens, comentários, debates e entrevistas sobre fatos diversos". Comentaram ainda que o jornalista trabalhou em *O Jornal* e *Última Hora*, "sempre assinando artigos considerados de teor subversivo".

Dessa vez em documento confidencial do Exército, de junho de 1970, houve outra ligação de Zuenir com o comunismo. Com assunto "Comunistas trabalhando em conjunto no *Correio da Manhã*", a descrição era de que funcionava uma "verdadeira célula vermelha" dentro do *Correio da Manhã*, a "qual estaria prestando, por outro lado, apoio financeiro de forma sutilíssima às hostes subversivas, face aos altos salários recebidos pelos componentes abaixo assinalados, todos eles apresentando antecedentes comuno--subversivas". Além de Zuenir, "ligado estreitamente a figuras de proa do Partidão", foram citados Marcelo Alencar, Jânio de Freitas, Reynaldo Jardim e Hilcar Leite. Os salários desses jornalistas estariam na ordem de cinco a dez mil cruzeiros, "quantias essas que seriam percentualmente destinadas à campanha de auxílio às finanças do partido".

Em maio de 1971, uma listagem do Dops trouxe nomes de jornalistas com "antecedentes comunistas" registrados no órgão, "sem entrarmos nos pormenores de tais antecedentes já que se trata de nomes conhecidos e com vastíssimos *dossiers* em todas as agências especializadas". A relação faz a separação por veículo de imprensa. Ao lado de Zuenir, no *Correio da Manhã*, apareceram os jornalistas Washington Novaes, Galeno de Freitas, Sérgio Lemos,

O Pasquim e os Anos 70: Mais pra Epa que Pra Oba, Brasília, Editora Universidade de Brasília, 1991, p. 37).

"Zueno, Zoany, Zwenir": Rastros da Vigilância...

Jânio de Freitas, Oscar Araripe, Sérgio Cabral, Ana Maria Mandim, Paulo Francis e Carlos Alberto Wanderley. Os outros jornais e respectivos profissionais mencionados foram: *O Jornal* (Ana Arruda e Maurício Lacerda), *Diário de Notícias* (Plínio de Abreu Ramos), *Jornal do Brasil* (Antonio Callado, José Carlos Avellar, Grizolli, José Carlos Oliveira, Miriam Alencar, Reynaldo Jardim, Derly Barreto, Carlos Lemos, Helena Bocayuva e José Wolf), *O Globo* (Carlos Joaquim Tavares, José Gorayeb, Agnaldo Silva, George Cabral, e Carlos Tavares), *Última Hora* (Paulo da Silveira, João Etchverry, Ignácio Alencar, José Carlos e Amado Ribeiro), *Folha de S. Paulo* (Tereza Cesário Alvim) e *Tribuna da Imprensa* (Pedro Muniz e Carlos Alberto de Oliveira).

PANORAMA DA IMPRENSA BRASILEIRA

Entre os documentos coletados para a escrita deste artigo, um chama atenção, não só por envolver a temática da comunicação, mas por ter sido escrito por um jornalista (sem identificação): relatório chamado "Panorama da Imprensa Brasileira", apresentado em 1971. Com origem no Centro de Informação do Exército (CIE) e "preparado por um jornalista, por solicitação de um órgão de segurança", o relatório teve a difusão para outros órgãos da rede de informação e segurança, como Serviço Nacional de Informações (SNI), Centro de Informações e Segurança da Aeronáutica (Cisa), Centro de Informações da Marinha (Cenimar), Polícia Federal e Dops da Guanabara.

Em dez páginas, o jornalista busca apontar a "infiltração comunista" e o domínio da "máquina esquerdista" nos veículos de comunicação do país. A manifestação desse jornalista não identificado reforça a tese de que jornalistas também atuaram como

Fig. 3: Relatório *Panorama da Imprensa Brasileira*
(*Fonte*: Arquivo Público do Estado do Rio de Janeiro).

"colaboradores"[11] do regime militar. Ao mencionar os nomes e as atividades de 21 jornalistas, ele forneceu aos órgãos de segurança dados que poderiam colocar em risco a vida desses profissionais naquele período.

Com a intenção de fazer esse panorama da imprensa, ele dividiu em dez temas:

> [...] a infiltração esquerda na imprensa; o papel dos diretores e proprietários de veículos de comunicação social; a máquina do PC a serviço da infiltração; os comandos internos, o sistema de solidariedade entre os esquerdistas da imprensa; como dar conteúdo ideológico às matérias; picaretagem somada ao esquerdismo, financiamento de jornais por elementos cassados; o partido comunista como agência de empregos nos jornais e controle de informação, a censura do PC; outros itens.

Antes de entrar nos detalhes desses temas, o jornalista registrou uma "visão geral" que começa com estas palavras:

> O Partido Comunista do Brasil e outros setores das esquerdas sempre influíram na imprensa, diretamente ou através da infiltração comandada, sem que os diretores responsáveis pelos órgãos percebessem que estavam minados pelos esquerdistas e ingenuamente faziam o seu jogo. Órgãos respeitáveis, classificados como conservadores, estão totalmente infiltrados pelas esquer-

---

11. Em *Cães de Guarda – Jornalistas e Censores, do AI-5 à Constituição de 1988*, a historiadora Beatriz Kushnir revela que o governo militar contou com a complacência de parte da imprensa e de jornalistas que atuaram como "colaboradores". Essa análise foi feita tendo como base a ação do jornal *Folha da Tarde*. Criado em 1949 com o *slogan* "o vespertino das multidões" e tido como "o de maior tiragem" devido ao grande número de policiais ("tiras") que compunham a redação no pós AI-5, o jornal *Folha da Tarde* "foi, para muitos, uma porta-voz, o diário oficial da Oban ao reproduzir informes do governo como se fossem reportagens feitas pelo próprio jornal" (Beatriz Kushnir, *Cães de Guarda – Jornalistas e Censores, do AI-5 à Constituição de 1988*, São Paulo, Boitempo, 2004, p. 340).

Livros e Subversão

das, que assumiram papel relevante na área da comunicação social a partir da Revolução de 1964, quando as lideranças esquerdistas foram banidas do cenário político nacional e o sindicato de trabalhadores – que serviam aos interesses de Goulart e dos comunistas – passaram ao rígido controle do governo, através do Ministério do Trabalho. Perdendo o notável instrumento político de agitação social, que representava os sindicatos de trabalhadores, federações e confederações, a máquina do Partido Comunista e as esquerdas a ela aliadas voltaram suas atenções para uma área mais interessante e possivelmente mais importante em termos de formação e informação política – a área da comunicação social. Como influir nessa área? Perdendo as condições de organismo de agitação de massas, o Partido Comunista transformou-se, ao longo dos últimos anos, numa poderosa máquina agenciadora de empregos nos jornais, revistas, emissoras de rádio e de televisão. Um exame mais atento das matérias publicadas nos jornais e revistas, ou inseridas nos jornais faladas e telejornais, concluirá fatalmente pela infiltração inteligente dos comunistas e esquerdistas, que desta forma procuram influir na opinião pública, ora de maneira direta, ora de forma subliminar, através das entrelinhas das matérias, dos títulos das reportagens nacionais e internacionais; das colunas de assuntos especializados ou de assuntos gerais[12].

Entre os veículos de comunicação que estariam com "infiltração dos comunistas e esquerdistas", foram citados *Jornal do Brasil*, *Diário de Notícias*, *Correio da Manhã*, revista *O Cruzeiro*, *O Estado de S. Paulo* ("nem *O Estado de S. Paulo* escapou", segundo o registro do jornalista), empresas Bloch e TV Globo. A seção de buscas especiais ratificou os dados do relatório *Panorama da Imprensa Brasileira*.

Quem recebeu maior destaque neste documento foi o jornalista Gustavo Silveira, que, segundo a descrição, era chefe da assessoria de imprensa do Ministério da Fazenda (MF) e colocava pessoas nas "posições-chave dos jornais, rádios, revistas e televisões". O texto segue dizendo que

---

12. Relatório *Panorama da Imprensa Brasileira*, 1971.

"Zueno, Zoany, Zwenir": Rastros da Vigilância...

[...] ele dispõe de duas máquinas – a do MF e a da esquerda, para evitar que um jornalista independente, anticomunista, seja aproveitado em posições de destaque nos jornais ou em assessorias de imprensa e relações públicas do governo e de empresas privadas.

Ao lado de Gustavo Silveira, o relatório destaca Zuenir Ventura nessa "proteção" aos jornalistas:

> A máquina e o PC têm um censor, uma espécie de coordenador geral para a imprensa. Trata-se do jornalista Zuenir Ventura, que militou em vários jornais e atualmente trabalha na revista Visão. Ele é juntamente com Gustavo Silveira o responsável pela agência de empregos para jornalistas integrantes do esquema. Zuenir censura, ainda, livros, textos especiais do PC etc. Sua mulher, Mary Acker, também trabalha na máquina. Foi agitadora estudantil da UNE e presa, com o marido, por ocasião do AI-5[13].

Sobre essas afirmações, Zuenir as considerou "pérola do absurdo da época"[14]. Zuenir não integrou os quadros (como filiado) do Partido Comunista Brasileiro (PCB), que recebeu a adesão de jornalistas, intelectuais e professores. No entanto, o contato de Zuenir com militantes do partido e o fato de dividir um conjunto de ideias e valores fizeram com que ele ficasse próximo das concepções comunistas. Essa hipótese pode ser verificada no próprio discurso de Zuenir, em entrevista que concedeu ao programa *Roda Viva*, da TV Cultura, em 1988, época de lançamento do seu livro *1968 – O Ano que Não Terminou*:

> Fechei muito na época com o Partido Comunista. Depois, porque o Partido Comunista era a única organização que tinha, digamos, organização, eles

---

13. Relatório *Panorama da Imprensa Brasileira*, 1971.
14. Avaliação de Zuenir Ventura publicada em seu livro *Minhas Histórias dos Outros*, São Paulo, Planeta, 2005.

sabiam trabalhar na clandestinidade e foi o partido que botou muita gente para fora em 69 e 70. Então, nesse período trabalhei muito com o Partido Comunista, enfim, muita gente ficou lá em casa, o carro foi usado uma porção de vezes e tal. Em 68, foi como opção, porque o Partido Comunista em 68, ele teve essa visão. Ele teve essa sensatez, pode se usar a palavra hoje, de que tinha uma coisa perigosa ali. Primeiro, havia um golpe. Segundo, que havia já no Congresso de 67, o sexto Congresso, eles tinham... Não é nem premonição, tinha a visão de que aquilo... Agora, também tem o seguinte: só para não parecer que... E algumas pessoas disseram isso: "mas é porque você é ligado ao partido e tal". No entanto que eu reclamo do partido o seguinte: você não faz política sem hegemonia. Então, o partido falhou naquilo que não podia falhar, ele não tinha a menor audiência, ninguém ouvia, um pouco aquele negócio do velho e do restelo. Olha, isso não vai dar em nada, isso e tal, e os meninos viravam as costas, morriam de rir. Então, o partido estava certo naquele momento, ele que tinha errado tantas vezes, naquele momento estava certo e ninguém acreditava[15].

As informações sobre o monitoramento ao jornalista foram acessadas pelo Dops quando Zuenir fez um pedido de visto de saída do país em razão de férias, em abril de 1974. Na parte observações da planilha de registro, Zuenir escreveu à mão:

Atualmente, sou chefe da sucursal da *Visão* na Guanabara, cargo que ocupo desde 1970. A minha viagem é em função de férias. Pretendo dividir os 30 dias que passarei fora do país entre Estados Unidos (Nova York) e Europa (França, Itália e possivelmente Espanha).

Naquele instante, os dados que constavam sobre ele foram mencionados na documentação, como o fato de ter sido indiciado em Inquérito Policial Militar (IPM) da Faculdade

---

15. Trecho da entrevista de Zuenir Ventura ao programa *Roda Viva*, em 1988.

Nacional de Filosofia ("membro da célula vermelha do PCB ali existente"), onde foi professor, a questão dos livros apreendidos e a prisão, em 1968.

A última referência ao nome de Zuenir, na documentação presente no arquivo, tem ligação com sua participação como um dos entrevistadores do cantor e compositor Chico Buarque, no programa *Canal Livre*, da rede Bandeirantes, em 1980. Nessa resenha diária, inserida no "campo político", os agentes informaram que a entrevista foi gravada no dia 29 de outubro à noite e seria apresentada no domingo depois do programa Hebe Camargo. Além de Zuenir, o informe registra que participaram do programa os entrevistadores Roberto D'Avila, Tárik de Souza, Vivi Nabuco, Luiz Carlos Franco, Moreira da Silva, Claudio Azeredo, Maurício Beru e Ana Maria Tornaghi. De acordo com a descrição,

> Chico, na entrevista, entre coisas, fala da Bossa Nova, sua importância e significação para a MPB, discute censura e crítica, define seu pensamento sobre posições políticas que lhe são cobradas e fala de sua condição de artista e não líder ou intelectual.

No mesmo documento, há o registro da participação de bispos em um julgamento no Supremo Tribunal Federal (STF), com a presença do então secretário-geral da Conferência Nacional dos Bispos do Brasil (CNBB) Luciano Mendes de Almeida, e a realização da noite de autógrafos de um livro da médica Maria Augusta Tibiriçá Miranda, no Shopping da Gávea. Outro apontamento dos agentes abordou um ato público que docentes das universidades federais, municipais e particulares realizariam no Largo de São Francisco de Paula reivindicando reajuste salarial e estabilidade no emprego.

CONSIDERAÇÕES FINAIS

A denúncia de "infiltração comunista", como a que envolveu o jornalista Zuenir Ventura e outros profissionais, tornou-se frequente durante a ditadura militar. Setores da própria administração pública, universidades e sindicatos também foram alvo dessa prática. Esse tipo de denúncia era o "principal mote da propaganda anticomunista", sendo que o tema esteve presente desde o início do presidente João Goulart, "porém, a partir de meados de 1963, passou a receber ênfase até então desconhecida"[16].

Apesar das imprecisões e dos jargões utilizados nos documentos, ficou evidente a preocupação com a disseminação do comunismo no meio jornalístico. A trajetória de Zuenir Ventura pode ser contextualizada como parte de um grupo de jornalistas visados pelo regime, configurando indícios de formação de alguns núcleos de resistência dentro das redações de jornais e revistas naquele momento histórico. Além disso, os documentos mostraram a pluralidade de comportamentos: o colaboracionismo (como o jornalista que escreveu o relatório denunciando a "infiltração comunista" na imprensa) e, perfil de oposição de alguns profissionais da comunicação. Esse cenário complexo assume contornos de que, apesar de ter havido, na imprensa,

[...] colaboracionismo com o regime e introjeção de valores através de autocensura, não se pode esquecer que houve também resistências e lutas que se deram tanto no âmbito de algumas empresas, quanto na dimensão da prática profissional[17].

16. Rodrigo Patto Sá Motta, *Em Guarda Contra o "Perigo Vermelho": O Anticomunismo no Brasil (1917-1964)*, São Paulo, Perspectiva/Fapesp, 2002, p. 255.
17. Ana Paula Goulart Ribeiro, "Os Anos 1960-70 e a Reconfiguração do Jornalismo Brasileiro", em Igor Sacramento & Letícia Cantarela Matheus (orgs.), *História da Comunicação: Experiências e Perspectivas*, Rio de Janeiro, Mauad, 2014, p. 173.

Embora tenham expressado, "em bruto, os preconceitos mais recônditos de alguns setores da sociedade brasileira de então"[18], os papéis que abordaram o entendimento da comunidade de informações sobre as atividades dos meios de comunicação dão pistas para a formação de um quadro revelador de parte da história da imprensa brasileira, de jornalistas oposicionistas e de suas experiências no período do regime militar.

ENTREVISTA

VENTURA, Zuenir. Entrevista Concedida ao Programa *Roda Viva* (TV Cultura), 1988.

---

18. Fico, *op. cit.*, p. 166.

2

Do Erótico ao Político: A Trajetória da Global Editora na Década de 1970

Flamarion Maués

> *Provisoriamente não cantaremos o amor, que se refugiou mais abaixo dos subterrâneos.*
>
> Carlos Drummond de Andrade,
> "Congresso Internacional do Medo",
> *Sentimento do Mundo*, 1940.

Este artigo se propõe a analisar as origens e os primeiros anos de atuação da Global Editora, empresa fundada por Luiz Alves Jr. e Raimundo Nonato Rios em 1973, na cidade de São Paulo. A Global foi, em seus primeiros quatro anos, uma editora de marcado perfil generalista e popular, o que viria a se modificar a partir de 1977, quando a editora passou a ter um perfil político que foi se acentuando rapidamente, tornando-a, no final dos anos 1970, uma das mais destacadas editoras políticas do país[1], e transformando-a em uma importante editora de oposição[2] à ditadura então vigente.

---

1. Algumas das informações desse artigo foram anteriormente publicadas em: Flamarion Maués, "A Tortura Denunciada Sem Meias Palavras: Um Livro Expõe o Aparelho Repressivo da Ditadura" em Cecília MacDowell Santos; Edson Luís de Almeida Teles & Janaina de Almeida Teles (orgs.), *Desarquivando a Ditadura: Memória e Justiça no Brasil*, São Paulo, Hucitec, 2009, vol. 1, pp. 110-34.
2. Sobre a definição de "editoras de oposição" ver: Flamarion Maués, *Livros Conta a Ditadura: Editoras de Oposição no Brasil, 1974-1984*, São Paulo, Publisher, 2013.

Procuramos compreender como se deu essa mudança na linha da editora e quais foram suas razões e motivações. Ao mesmo tempo, mostraremos como foram as relações da Global com a censura, uma vez que os primeiros anos de atuação da editora correspondem a um período de governo ditatorial no Brasil, com forte repressão e censura às manifestações artísticas e intelectuais e à oposição política.

Em atuação ainda hoje, a Global cresceu e voltou-se, a partir de meados da década de 1980, para a literatura e para títulos na área da educação. Hoje edita a obra de Gilberto Freyre, Câmara Cascudo, Manuel Bandeira, Cecília Meirelles e Orígenes Lessa, entre outros autores. Em 2014, a Global adquiriu a Editora Nova Aguilar, conhecida pelas edições de obras completas de grandes autores em papel bíblia.

AS ORIGENS DA GLOBAL

Para falarmos da Global precisamos falar um pouco de Luiz Alves Jr. Nascido no Guarujá (SP) em 1943, ele foi criado em Santos e veio para São Paulo em 1967. Antes, na sua cidade de adoção, havia sido padeiro. Seus pais eram portugueses e analfabetos, o que não impediu que a leitura se tornasse um dos hábitos de Alves Jr. Sua trajetória teve uma virada quando recebeu um convite, em 1967, para vir trabalhar em São Paulo na Catavento Distribuidora de Livros. Em busca de novas oportunidades – e também por ser um grande apreciador da leitura – aceitou o desafio, mesmo sem ter experiência na área[3].

3. Entrevista com Luiz Alves Jr. em São Paulo, em 4 de agosto de 2004. Quando não for citada expressamente outra fonte, isso significa que as declarações de Luiz Alves Jr. reproduzidas neste artigo provêm dessa entrevista.

Desse começo pouco provável no ramo editorial nasceria, alguns anos depois, a Global Editora, fundada em São Paulo em outubro de 1973. Luiz Alves Jr. foi um de seus fundadores e até hoje está à frente da editora – agora com a participação de seus filhos Jeferson (diretor editorial e de produção) e Richard (diretor geral). As origens familiares marcaram de modo decisivo a trajetória de Alves Jr.:

> Fui basicamente criado dentro de uma padaria. Minha criação foi muito em cima de uma teoria de trabalho. Consegui chegar ao ensino médio de hoje [...] e tenho um orgulho muito grande de dizer que o curso de alto estudo que eu tenho é que eu sou diplomado pela escola francesa de panificação. [...] Depois disso abandonei os estudos e fui começar a ser empreendedor[4].

Seu primeiro empreendimento, na área da construção, entre os anos de 1963 e 1964, malogrou. Seguiram-se tempos difíceis, em que teve que se desfazer do pequeno patrimônio que possuía. Voltou a ser padeiro. Pouco depois, seu padrinho de casamento, Raimundo Nonato Rios, proprietário da distribuidora de livros Catavento, o convidou em 1967 para trabalhar como vendedor de livros na praça de São Paulo. "Foi meu primeiro grande desafio", lembra Alves Jr.[5] Sua função era de vendedor de livrarias, que visitava as lojas levando as novidades e repondo os livros vendidos – figura comum naquela época e hoje praticamente extinta. "A Catavento era a única distribuidora da editora Globo, de Porto Alegre. Eu vim substituir um vendedor de livros que eles tinham havia cinquenta anos. Ali foi a grande escola para mim." No primeiro ano da atividade, Luiz

---

4. "Entrevista Luiz Alves Jr. – Parte 1 – O Início". Vídeo institucional da Global Editora. Disponível em: <https://www.youtube.com/watch?v=18rZOBXnSd4>. Acesso em agosto de 2014.
5. *Idem, ibidem.*

era vendedor de livros pela manhã, e até a madrugada trabalhava como gerente da Panificadora Java.

Depois desse período, ficou apenas na Catavento, onde novas responsabilidades lhe foram atribuídas. Em 1969, Alves Jr. montou uma empresa que fazia trabalho terceirizado para a Catavento, vendendo livros pelo interior do Brasil, mas a iniciativa durou pouco. A grande mudança viria a seguir, com a criação da Farmalivros.

Raimundo Nonato Rios, que havia levado Alves Jr. para a Catavento, saiu da distribuidora para montar, em 1971, a Farmalivros, uma empresa "que vendia livros em todo lugar, menos em livrarias", como define Alves Jr. "E eu fui com ele, prestando serviços, autônomo. Eu fui o homem de marketing lá." Seu alvo eram farmácias, supermercados, floriculturas, hotéis, salões de beleza, postos de gasolina, táxis e bancas de jornal, que passaram a ser vistos como potenciais locais para a venda de livros.

Em dois anos de atividade, o serviço de distribuição da Farmalivros já chegava até o Acre e comercializava "cerca de 85 mil livros por mês em 2500 postos ou *displays* estrategicamente colocados ao lado de remédios, flores, batatas, carne ou gasolina, criando uma 'sadia concorrência com as livrarias'"[6]. Os títulos vendidos eram de variados estilos: desde *Snoopy* (Charles Schultz) e *Tereza Batista Cansada de Guerra* (Jorge Amado), até os best-sellers *Mantenha-se Fisicamente em Forma* (Força Aérea Canadense), *O Chefão* (Mario Puzo), *O Exorcista* (William Peter Blatty) e *Eram os Deuses Astronautas* (Erich von Daniken) – sem esquecer os "livros de sexo e violência, como a série dos médicos – *Mulheres de Médicos, Médicos e Amantes*" etc.[7].

---

6. Alexi de Morais Piccinini, "Livro – Uma Nova Estratégia de Consumo", *Jornal do Brasil*, 23.3.1974, p. 8.
7. *Idem, ibidem*.

A Farmalivros atendia perto de 50 salões de cabeleireiros, três redes de táxi aqui em São Paulo, com 700 e pouco táxis, que vendiam livros, aqueles fusquinhas sem o banco da frente e bem na frente, embaixo do porta-luvas estava o *display* cheio de livros [...]. A Petrobras começou a sua distribuidora e nos postos já se programou o espaço para colocar livros [lembra Alves Jr.].

Nos primeiros anos o trabalho da empresa teve repercussão. O poeta e cronista Carlos Drummond publicou, em abril de 1972, uma crônica no *Jornal do Brasil* dedicada ao novo sistema de vendas de livros. Drummond conta que o táxi que pegou em São Paulo o levou a uma "corrida cultural, uma corrida diferente de qualquer outra", pois no táxi, "junto à direção, os carros ostentam pequena e variada coleção de livros"[8]. Ele pergunta então ao motorista se os passageiros costumam comprar os livros.

Primeiro se espantam, como o doutor, depois compram. Até me encomendam livros. São fregueses conhecidos, que não têm tempo (eles dizem que não têm) de passar nas livrarias. Uns compram pela primeira vez na vida, não é mentira não. O livro fica tão perto do nariz deles, no carrinho, que resolvem experimentar [relata o motorista][9].

Esse período de alavancar a Farmalivros trouxe de bom o conhecimento de mercado, das estruturas. Nosso grande problema era executar os planos de distribuição, era tudo feito na unha. No Brasil não existia máquina seladora para você envolver e fechar o livro com plástico. Fomos nós os precurssores disso [recorda Alves Jr.].

---

8. Carlos Drummond Andrade. "Compre um Livro no Táxi", *Jornal do Brasil*, Rio de Janeiro, 13.4.1972. Disponível em: www.memoria.bn.br. A crônica também foi publicada em: Carlos Drummond Andrade, *De Notícias & Não Notícias Faz-se a Crônica: Histórias – Diálogos – Divagações*, São Paulo, Companhia das Letras, 2013, pp. 17-19.
9. *Idem, ibidem.*

Livros e Subversão

A Farmalivros, além de proporcionar uma experiência sem igual a Alves Jr. em termos de conhecimento do mercado de livros no Brasil fora do circuito tradicional – e limitado – das livrarias, levou-o a criar, junto com Raimundo Nonato Rios, a Global Editora. "A Global já estava dentro da Farmalivros. A Global nasceu em 1973 porque em 1971 nós montamos a Farmalivros e percebemos que tínhamos que ter uma editora para dar vazão a alguns segmentos", afirma Alves Jr. No começo, "o Raimundo tinha 67% e eu tinha 33% da Global", conta ele. Assim, a Global surgiu com o objetivo de produzir livros para serem comercializados pela Farmalivros e para atender a esse público.

A CRIAÇÃO DA GLOBAL

O primeiro título da Global não foi escolhido por Alves Jr. ou Rios, mas surgiu de uma oportunidade que a repercussão da ação da Farmalivros criou.

Foi um livro da Adelaide Carraro – *Submundo da Sociedade*. Ela, sabendo do poder de *punch* [da Farmalivros] veio apresentar para gente um livro dela, a Global ainda nem existia formalmente. A condição dela era que nós distribuíssemos também um livro que se chamava *Deus Negro* [de Neimar de Barros]. Foi um sucesso estrondoso naquela época, equivalente hoje ao Paulo Coelho. O autor era um religioso [recorda Alves Jr.]. O *Submundo da Sociedade* teve uma primeira edição de vinte mil, depois veio *Kung Fu*, era época do Kung Fu, vinte mil, faroeste, policial sexy, todos esses com selo Global e edições de vinte mil. A Global nasceu para cumprir essa função, pensando em suprir necessidades do varejo muito maior do que o varejo convencional do livro, que seria as livrarias.

Na verdade, a linha editorial seguida pela Global foi eclética até 1976, ano em que a Farmalivros entrou em concordata e encerrou suas atividades, como veremos adiante. Nestes primeiros quatro anos de atividade, foram editados mais de cinquenta títulos. Predominaram claramente os livros com apelo erótico ou sexual, chamados por Alves Jr. de "policiais sexys". Esta categoria representou quase 40% dos títulos lançados nesse período. Aqui destaca-se a autora brasileira Adelaide Carraro, com seis títulos editados: *Submundo da Sociedade* (1973); *A Verdadeira Estória de um Assassino* (1974); *O Castrado: O Homem que Fazia de Seu Corpo um "Comércio Sexual"* (1975); *O Estudante* (1975); *Os Amantes* (1976); e *A Mãe Solteira* (1976). A série Polissex, com obras de autores estrangeiros, teve cinco títulos. Outros títulos nessa linha foram: *As Massagistas* (1973) e *As Novas Aventuras das Massagistas* (1974), ambos de Jennifer Sills; *O Projeto Vênus*, de E. Howard Hunt (1973); *As Aventuras das Secretárias*, de Rommie James (1975); *Mulher Sem Véu*, de Italino Peruffo (1975); *Discurso sobre o Sexo*, de Hilário Veiga de Carvalho (1975); *As Aventuras das Aeromoças*, de Karla Christell (1976); *A Paranoica* (1976) e *A Sarjeta*, ambos de Cassandra Rios (1976). No total, foram pelo menos vinte títulos nesta linha.

Mas havia também obras sobre temas esotéricos (discos voadores e mistérios variados), humor, autoajuda, passatempos, literatura brasileira (além das já mencionadas Adelaide Carraro e Cassandra Rios, autores como Paulo Dantas, Hamilton Trevisan e Ignácio de Loyola Brandão), literatura de cordel (duas antologias) e até ensaios na área das ciências humanas, incluindo um título de cunho político, *Alerta ao Ocidente*, de Alexander Solzhenitsyn (1976).

Com exceção da primeira linha de edições (livros com apelo erótico ou sexual), que parecia consolidada e comercialmente rentável, as demais linhas deixam perceber uma certa lógica de tentativa e erro, em busca de títulos que atendessem ao público da Farmalivros. Considerando a maior parte do catálogo editado até 1976, é possível afirmar que a Global se caracterizava, nesses primeiros quatro anos, como uma editora voltada para obras de caráter popular, direcionadas a um público que buscava entretenimento na leitura desses livros.

OS "TRÊS MALDITOS": ADELAIDE CARRARO, CASSANDRA RIOS E PLÍNIO MARCOS

Duas autoras publicadas pela Global nessa sua primeira fase eram vítimas constantes de perseguição por parte dos órgãos responsáveis pela censura no país: Adelaide Carraro e Cassandra Rios. Posteriormente, a partir de 1978, outro "maldito" ingressaria na editora: Plínio Marcos. "Tínhamos três autores malditos na casa", lembra Alves Jr. Eram autores que abordavam temas considerados tabus e imorais, como sexo, lesbianismo, miséria e marginalidade. Os três estavam entre os autores cujas obras foram censuradas para, pretensamente, defender "a moral e os bons costumes"[10], de acordo com as autoridades – e em cumprimento a normas legais como o Decreto 1.077/70, que instituiu a censura prévia a livros. O decreto afirmava obliquamente, em suas considerações iniciais, que o ataque, por meio de obras artísticas, à "moral e aos bons costumes" era, na verdade, parte de "um plano subversivo, que põe em risco a segurança nacional". Desse modo, as leis de exceção sob as quais o país vivia naquele momento alargavam amplamente o

---

10. Sobre a censura a livros, a censura de costumes e a censura política na ditadura brasileira ver: Sandra Reimão, *Repressão e Resistência: Censura a Livros na Ditadura Militar*, São Paulo, Edusp/Fapesp, 2011; Carlos Fico, "'Prezada Censura': Cartas ao Regime Militar", *Topoi – Revista de História*, nº 5, Rio de Janeiro, UFRJ, pp. 251-86, set. 2002; Douglas Attila Marcelino, *Subversivos e Pornográficos: Censura de Livros e Diversões Públicas nos Anos 1970*, Rio de Janeiro, Arquivo Nacional, 2009.

entendimento do que poderia ser enquadrado, pelo poder ditatorial, como uma violação desses limites em relação a temas ligados aos costumes[11]. A lógica da censura era: o que "atentava" contra a moral punha em risco também, em consequência, a "segurança nacional".

Sete livros desses autores publicados pela Global nos anos 1970 foram vetados pela Divisão de Censura de Diversões Públicas (DCDP): *Submundo da Sociedade, A Verdadeira Estória de um Assassino, O Castrado* e *Os Amantes*, de Adelaide Carraro; *A Paranoica* e *A Sarjeta*, de Cassandra Rios; e *O Abajur Lilás*, de Plínio Marcos (editado em 2ª edição pela Global em 1978; a 1ª edição foi feita pela Brasiliense em 1975)[12].

A partir de dois pareceres da DCDP, um da obra *A Verdadeira Estória de um Assassino*, de Adelaide Carraro, e outro da obra *A Paranoica*, e Cassandra Rios, podemos verificar os argumentos utilizados para sustentar os vetos impostos a esses livros. No primeiro caso, a parecerista afirma:

> A obra em exame tem por característica o sadismo da narração e os fatos, por demais chocantes, que focaliza com pormenores, tais como: o estupro, o assassinato, a obsessão de vingança e sua realização, uma sádica em plena ação etc.[13]

E no segundo, outro parecerista registra: "[...] as descrições dos atos sexuais são feitas nos seus mínimos detalhes, há homossexualismo, violência e o conteúdo do livro é deprimente"[14] (ver Fig. 4).

---

11. Flamarion Maués, *Livros Conta a Ditadura*, pp. 51-52.
12. Sandra Reimão, op. cit. De acordo com esta autora (pp. 48 e 127), na década de 1970 foram censurados dezoito livros de Cassandra Rios, treze de Adelaide Carraro e dois de Plínio Marcos.
13. Agradeço a professora Sandra Reimão por ter-me fornecido cópia desse parecer.
14. Sandra Reimão, op. cit., p. 152.

SERVIÇO PÚBLICO FEDERAL
DEPARTAMENTO DE POLÍCIA FEDERAL SR/RJ
SERVIÇO DE CENSURA DE DIVERSÕES PÚBLICAS

PARECER Nº 1775

TÍTULO: "A VERDADEIRA ESTÓRIA DE UM ASSASSINO"
AUTOR: ADELAIDE CARRARO
EDITORA: GLOBAL EDITORA E DISTRIBUIDORA
Rua José Antônio Coelho, 814 - São Paulo

      A obra em exame tem por característica o sadismo da narração e os fatos, por demais chocantes, que focaliza com pormenores, tais como: o estupro, o assassinato, a obsessão de vingança e sua realização, uma sádica em plena ação, etc...

      A estória resume-se na vingança de um homem que se transforma em assassino brutal, em virtude de sua irmã haver sido estuprada e morta pelos mesmos elementos que lhe mataram o pai. Revela, também, a maneira como, após eliminar os assassinos do pai, pratica com a filha adolescente de um dos mandantes dos crimes as mesmas barbaridades infringidas à irmã, auxiliado por dois marginais e pela própria tia da infeliz jovem.

      Pelo exposto, sugiro a interdição da obra em epígrafe, por infringir o Art. 1º do Decreto Lei 1077 de 26 de janeiro de 1970.

      Rio de Janeiro, 3 de novembro de 1975

LUCIA DE RIVOREDO CRISTOFOLINI
mat. 6 189 284

Fig. 4: Parecer DCDP de *A Verdadeira Estória de um Assassino*, Adelaide Carraro.

MINISTÉRIO DA
DEPARTAMENTO DE POLÍCIA FEDERAL
DIVISÃO DE CENSURA DE DIVERSÕES PÚBLICAS

PARECER Nº 00073 / 78

TÍTULO: " A PARANÓICA"

CLASSIFICAÇÃO ETÁRIA: Pela PROIBIÇÃO

Data, Goiânia, 27 de dezembro de 1978.

1-Título do livro: "A PARANÓICA"
2-Nome de autor: Cassandra Rios
3-Editora: Global Edit. e Dist. Ltda.
4-Endereço: Rua José Antonio Coelho 814 - SP.
5-Ano de publicação: 1976

R E S U M O: Ariella, jovem de dezessete anos, é a paranóica. Pelo menos esta foi a definição da autora. Filha do Dr. Rodrigo e de D. Helena; irmã de Alfonso e Clécio. Ao descobrir que era filha adotiva, do referido casal, ela usa de todos os meios/ para desvendar os mistérios que envolviam as sua origens. Entrega-se sexualmente, e de forma ridícula, ao pai e aos irmãos (adotivos), joga uns contra os outros para que a verdade aparecesse. Desenvolve os seus instintos e põe em prática o homossexualismo feminino com Mercedes, noiva de Alfonso.

P A R E C E R: Ariella vai além da Paranóia, as descrições dos atos sexuais são feitas nos seus mínimos detalhes, há homossexualismo, violência e o conteúdo do livro é deprimente. Com base no art. 1º do Decreto - Lei 1.077/70, sugerimos a sua PROIBIÇÃO.

SILAS DE AQUINO LIRA GOUVÊA
Técnico de Censura.

DPF-742

Fig. 5: Parecer DCDP de *A Paranoica*, Cassandra Rios.

Em ambos os pareceres é sugerida a proibição das obras com base no artigo 1º do Decreto 1.077/70 ("Não serão toleradas as publicações e exteriorizações contrárias à moral e aos bons costumes quaisquer que sejam os meios de comunicação"). A descrição de atos de violência e de atitudes sexuais que confrontavam os padrões considerados normais para a moral dita vigente parecem ser os motivos principais por trás dos vetos dos censores. Considerava-se que a sociedade brasileira – onde tais fatos ocorriam, segundo narravam os livros – não estaria preparada para lidar com essa realidade, por isso melhor seria preservá-la dessas narrativas, escondê-las. E, ao mesmo tempo, talvez os censores acreditassem que expor tais fatos fosse uma forma de incentivá-los.

Outros três livros de temática erótica ou sexual editados pela Global, dessa vez de autores estrangeiros, também foram vetados pela DCDP: *As Massagistas* e *As Novas Aventuras das Massagistas*, ambos de Jennifer Sills; e *As Aventuras das Secretárias*, de Rommie James.

Portanto, chegam a dez os títulos eróticos e "imorais" editados pela Global que foram censurados, com destaque para os três "malditos": Adelaide Carraro, Cassandra Rios e Plínio Marcos. Ressalte-se que tais ações da censura não impediram que a Global continuasse a editar obras desses três autores.

Há um caso de livro com temática sexual publicado pela editora que foi submetido à DCDP e liberado. Trata-se de *Discurso sobre o Sexo*, de Hilário Veiga de Carvalho (1975). O autor era médico e membro da Academia de Medicina de São Paulo, e na obra analisava aspectos sociais e jurídicos relacionados ao sexo, como o casamento, a família, o aborto e métodos anticonceptivos, com uma visão tradicional e conservadora. O parecer que liberou a circulação do livro ressalta esse aspecto e destaca que o autor

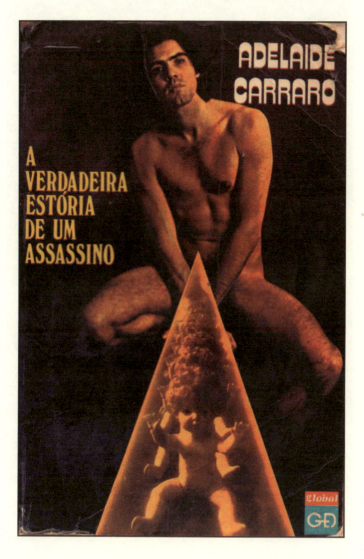

Fig. 6: Capa de *A Verdadeira História de um Assassino*, de Adelaide Carraro, publicado pela Editora Global, s. d. Capa: Ana Carla-Darlon.

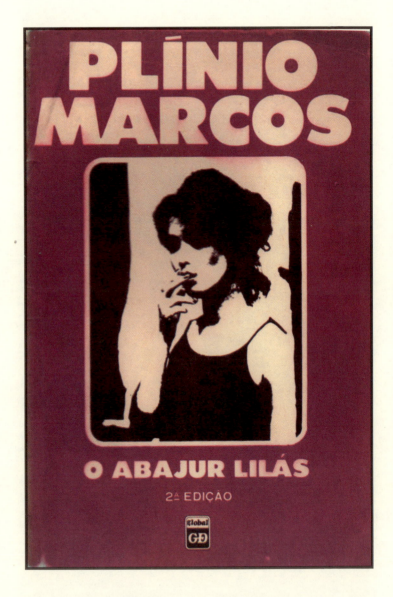

Fig. 7: Capa de *O Abajur Lilás*, peça teatral de Plínio Marcos, São Paulo, Editora Global, 1975. Capa: Darlon.

condena "a dissolução da família, o amor livre e os métodos de abortamento", além de pregar "a união familiar como a grande solução para os grandes males que afetam o mundo atual". O parecerista conclui que "o livro exalta os padrões morais vigentes, sem qualquer alusão ao aspecto puramente biológico do sexo"[15]. Deveria, portanto, ser liberado.

A edição dessa obra pela Global parece indicar que não havia, por parte da editora, qualquer intenção de afrontar a legislação censória ou as autoridades policias, quando promovia a publicação de livros com temática erótica ou sexual, mas sim o simples interesse comercial. Ou seja, o tema sexo vendia bem, e por isso era editado. E isso valia tanto para obras que, na visão da Censura, atentavam contra a "moral e os bons costumes", como também para outras, como a de Hilário Veiga de Carvalho, que se mostrava defensor da moral tradicional.

A SEGUNDA FASE DA GLOBAL

A linha de publicações da Global foi fortemente abalada pela falência da Farmalivros em 1976. Alves Jr. lembra que ainda foram feitas negociações com alguns clientes para tentar salvar a empresa. Alves Jr. relata:

> Chamamos o Victor Civita, da Abril, o Alfredo Machado, da Record, o Carlos Lacerda, da Nova Fronteira, fizemos uma reunião com eles e disse-

---

[15]. Parecer nº 222/76, de J. Antonio S. Pedroso, 9 abr. 1976, da DCDP. Citado em: Douglas Attila Marcelino, *Salvando a Pátria da Pornografia e da Subversão: A Censura de Livros e Diversões Públicas nos Anos 1970*, Rio de Janeiro, UFRJ/PPGHIS, 2006. Dissertação (mestrado) – UFRJ/IFCS/Programa de Pós-graduação em História Social.

mos, olha a Farmalivros vai acabar. E nós éramos o maior comprador de livros deles. Saía *O Exorcista*, nós pegávamos vinte mil, *Love Story*, era trinta mil, *O Poderoso Chefão*... Eles deram apoio, mas sofremos um revés com o Civita, que começou a lançar livros em bancas de jornais, onde nós também colocávamos, em três mil e poucas bancas selecionadas. Isso começou a nos afetar, os créditos começaram a encolher até que pedimos concordata.

Esse fato atinge diretamente a Global: "A Global estava naquele momento credora da Farmalivros de uns seis ou sete faturamentos, e não recebia da Farmalivros que estava quebrada", recorda Alves Jr. "A Global precisava se situar diante dessa nova situação", diz ele[16]. "Fomos conversar com o Raimundo, tínhamos que fazer dois caminhos diferentes, ele continuar na Farmalivros e eu continuar na Global, ou seja, eu comprar a parte dele [na Global]."[17]

A opção tomada, a partir de então, foi a mudança de linha editorial. E isso foi feito com a entrada do moçambicano José Carlos Venâncio como funcionário da editora, por indicação de Valdir Martins Fontes, dono da Livraria e Editora Martins Fontes, outro dos mentores de Alves Jr. no mundo editorial. Venâncio será responsável por propor um novo plano editorial para a Global, cuja característica principal seria edição de obras políticas e de esquerda.

É importante destacar que nessa época Alves Jr. afirma que não tinha uma ideologia formada. Ele afirma:

> Eu fui criado por português que fugiu do Salazar, a minha formação foi muito europeia, sabendo das dificuldades políticas da Europa, Portugal com ditador, Espanha com ditador. Mas eu não tinha participação política, não fiz parte de centro acadêmico. Mas fiz parte de movimento do porto, que em Santos era muito forte.

---

16. "Entrevista Luiz Alves Jr. – Parte 1 – O Início", *op. cit.*
17. *Idem, ibidem.*

Já Venâncio tinha posições políticas mais definidas: "Ele veio de Moçambique com ideias de publicar coisas que no Brasil seriam muito temerárias" politicamente, conta Alves.

Nós estávamos vivendo num regime de exceção, uma coisa podre a nível de liberdades, e ele vem com uma proposta de que a Global, daí pra frente, fizesse publicações dirigidas a um público que estava sedento de informações da parte ideológica, progressista. Não era fazer um trabalho de comunista ou socialista, era trazer uma gama de informações através do livro[18], [explica]. Juntou-se à editora uma pessoa que tinha uma cultura bem preparada, uma formação ideológica muito forte. [Além disso, ressalta Alves Jr.] Ele já conhecia o mercado de livros, sabendo o que é livro, sabendo editar livros. Eu apostei no trabalho dele como funcionário da empresa [completa].

Venâncio tinha menos de trinta anos quando chegou ao Brasil, em janeiro de 1976. Havia estudado Direito em Portugal, onde trabalhara na editora D. Quixote. Em Moçambique fora dono da Livraria Universo e com o processo de independência nacional, em 1975, tornou-se secretário do Grupo Dinamizador da Frelimo (Frente de Libertação de Moçambique) no ensino particular.

Veio para o Brasil com o convite para trabalhar com Valdir Martins Fontes. Mas acabou indo trabalhar com o Washington Helou na editora Edart, experiência que não foi bem-sucedida. Foi então, sempre por recomendação de Martins Fontes, trabalhar com Luiz Alves Jr. na Global[19].

Na visão de Alves Jr., a partir de então ficava claro que a Global tinha um editor – José Carlos Venâncio – e um vendedor – Luiz

---

18. *Idem, ibidem.*
19. Flamarion Maués, "A Tortura Denunciada sem Meias Palavras", *op. cit.*

Alves Jr.[20]. A parceria deu tão certo que, cerca de um ano depois, Venâncio se tornou sócio da editora.

Alves Jr. descreve a proposta editorial de José Carlos Venâncio:

> Ele vem com a ideia de criar um perfil mais progressista, e eu me encantei pela proposta. [...] Ele disse: só que eu quero fazer umas coisas, se você segurar eu topo. Eu falei, pode deixar que eu assino embaixo. [...] O mais interessante naquele momento era o poder de criação, o poder de fazer. O que a gente tem que fazer pela sociedade, o que a gente tem que fazer pelo teatro, pelo cinema, pela imprensa. Começamos a ter espaço na medida em publicamos coisas diferentes. [...] Fizemos um plano de trabalho em que iríamos editar a coleção Bases, tínhamos ali uns quarenta títulos para publicar [...]. Publicamos aqui muitos livros que ele já havia editado [em Moçambique].

O projeto foi se desenvolvendo:

> O projeto do Zé Carlos foi claro, ele apresentou vários autores, e isso chegava até Mao Tsé-Tung. Toda a linha de socialismo, todas as vertentes, nós costuramos por aí. [...] Ele alinhavou cerca de trezentos títulos, só coisa dentro do socialismo, com Marta Harnecker, com os cubanos, moçambicanos, angolanos, Marx, Che Guevara, chegando em Mao. Isso já estava no plano inicial [relata Alves Jr.].

Venâncio diz que quando conheceu Luiz Alves Jr., "a Global existia para fazer livros para a Farmalivros. [...] Essa não era a minha praia, e sugeri fazer livros para livrarias"[21]. Para implementar essa ideia, usou sua experiência na área editorial:

> Alguns dos títulos iniciais eu já havia publicado em Moçambique ou trazido de Portugal. O Luiz Alves me deu apoio total e autonomia para de-

20. "Entrevista Luiz Alves Jr. – Parte 1 – O Início", *op. cit.*
21. Entrevista com José Carlos Venâncio, 17.1.2007, na sede da editora Aquariana, em São Paulo. Todas as declarações de José Carlos Venâncio provêm dessa entrevista.

senvolver várias coleções, começando pela coleção Bases (com textos clássicos do marxismo) e pela Passado & Presente (de textos e reportagens da história recente do Brasil).

De acordo com Venâncio, a nova linha da Global se ligava a um projeto político para o Brasil.

Eu estava embalado em um projeto político para o Brasil. Eu tinha uma militância que não era muito organizada, teórica, mas eu sentia a necessidade de trazer informação. No processo de redemocratização, fomos testando o regime [...]. Eu tinha uma militância terceiro-mundista e sentia que aquele era o momento não só para testar a anunciada abertura política, mas principalmente para franquear aos leitores a história verdadeira que lhes era até então sonegada.

A NOVA LINHA EDITORIAL

A nova linha editorial se iniciou em 1977 com a coleção Bases. A coleção foi apresentada aos leitores da seguinte forma: "Coleção Bases tem por objetivo divulgar textos relevantes, acessíveis ao grande público, nos mais diversos domínios, necessários à sua formação cultural básica"[22]. E para deixar clara a mudança na linha da editora, os três primeiros volumes foram lançados simultaneamente: *Dez Dias que Abalaram o Mundo*, de John Reed (em coedição com as Edições Sociais, selo da Editora Alfa-Ômega); *Poética – Como Fazer Versos*, de Vladimir Maiakóvsky; e *A Origem do Capital: A Acumulação Primitiva*, de Karl Marx.

Todavia, Alves Jr. e Venâncio sabiam que o país ainda vivia uma situação de cerceamento de liberdades, e que era preciso ter uma certa

22. Texto publicado na p. 5 do vol. 2 da coleção.

cautela. Os lançamentos serviram também para sentir as reações e avaliar as possibilidades de levar adiante a nova linha editorial proposta. "Quando nós pusemos esses livros no mercado, eu saí para um lado e o José Carlos para outro", relembra Alves Jr.[23] "Naquele momento era muito risco [editar esses livros], era uma coisa que se fazia e não ficava na avenida desfilando, corria." Mas não houve uma reação específica contra essas primeiras obras. "Não estávamos editando esses livros por provocação. Para nós o sentido [...] era dizer: precisamos de mais liberdade, precisamos conhecer o outro lado [...]."[24]

Ao mesmo tempo, continuaram os problemas e as perseguições aos "três malditos" da editora. Diz Alves Jr.:

> Eu respondi sete inquéritos policiais, nesse período [...]. Nós vivíamos permanentemente em risco, cada livro editado era uma preocupação a mais. Quem queria salvaguardar não os interesses comerciais, mas a segurança familiar, ficava sempre receoso com essa situação. Mas isso não tirava o nosso desejo de publicar e ir avante.

A coleção Bases foi a maior dessa nova fase da editora, chegando a mais de quarenta volumes até o começo dos anos 1980, publicando Marx, Engels, Lenin, Trotsky, Stálin, Alexandra Kollontai, Marta Harnecker e Eric Hobsbawm, entre outros autores.

Esse projeto editorial, além de seu caráter político, tinha outra característica importante para que a Global pudesse crescer: quase todos os títulos dessa primeira etapa eram de domínio público. "Não tinha departamento de direitos autorais", diz Alves Jr.

Além disso, como vimos, Venâncio trouxe muitos dos livros que seriam editados já traduzidos para o português. Alves Jr. conta:

---

23. "Entrevista Luiz Alves Jr. – Parte 1 – O Início", *op. cit.*
24. *Idem, ibidem.*

Do Erótico ao Político: A Trajetória da Global Editora...

Poucos livros foram traduzidos aqui no Brasil, a tradução foi mexida para ser adequada, mas o texto já vinha da Europa [Portugal] traduzido. Houve até livros em que não houve tempo de fazer essa adaptação da tradução. Às vezes a gente pegava o livro impresso, arrancava as páginas e fotolitava, o que era uma violência, nós publicávamos uma quantidade enorme de livros naquela época, era um volume muito grande [...]. Isso durou todo aquele período.

Venâncio salienta a importância desse procedimento naquela etapa da editora:

Isso permitiu também um ritmo intenso de publicações, porque se eu tivesse que esperar que o pessoal traduzisse... E eu próprio adaptava. Eu não faria isso hoje, qualquer livro desses hoje eu pegaria traduções diretas da fonte.

Assim, a nova linha editorial nasceu sem que houvesse um apuramento no que diz respeito ao cuidado com a edição, principalmente a edição de texto. Alves Jr. explica:

Tinha-se o desejo de publicar, não se tinha a preocupação de saber publicar. Nós tínhamos que cumprir aquela meta, tinha um acervo de mais de trezentos títulos e tínhamos que colocá-los na rua no menor tempo possível. A gente tinha uma visão de que quanto mais livros a gente lançava... Tudo era uma grande aventura, mas dosada, sabendo o que estávamos fazendo, por que estávamos fazendo, medindo as coisas, tínhamos noção, porque era necessário.

Trabalhando com essa lógica, a estrutura da editora era mínima, afirma Luiz Alves Jr. "O setor editorial era só o Zé Carlos." O que significa que a Global podia operar com uma estrutura muito enxuta, com custos fixos baixos.

Nesse período, ressalta Alves Jr., "até a Global chegar aos oitenta, noventa títulos, ainda éramos mais distribuidores do que editores. No começo, o grande negócio nosso era a distribuição, o que ia financiar todos os nossos projetos. A gente distribuía a Codecri, a LP&M"[25].

Outro fator importante foram os contatos comerciais de Luiz Alves Jr. para obter créditos que possibilitassem o funcionamento da editora. Ele descreve alguns dos mecanismos vigentes na época – bem diferentes dos de hoje em dia no ramo editorial – que ajudaram no desenvolvimento da Global:

> Eu fiz um acordo com um fabricante de papel que eu comprava x toneladas por ano e ele me dava o faturamento de 365 dias para pagar, financiava o livro. Isso já era um problema a menos. Gráfica era 90, 120 dias [para pagar]. Eu nunca deixei de lançar um livro com menos de oitocentos exemplares vendidos, e era faturamento, com nota fiscal, faturamento. Então, o risco meu era zero, o livro já saía pago. Isso era uma outra época, não tem nada a ver com o que acontece hoje. Hoje é um negócio muito miserável.

Por isso, conta Alves Jr.,

> Nossas tiragens nunca eram menores do que cinco mil, porque já saía com oitocentos vendidos. Isso era a carteira da Global, a gente nem consultava, era a cota de novidade. Claro que tinha devolução, o prejuízo não pode ser do livreiro, mas ele precisa deixar eu mostrar meu produto.

[25]. A Codecri foi uma editora, criada em 1972, pelos proprietários do jornal *O Pasquim*, um dos mais destacados da imprensa alternativa brasileira. Tornou-se uma das mais atuantes editoras do país no final dos anos 1970. Publicou alguns dos grandes sucessos de venda da época, como o livro *O Que É Isso, Companheiro?*, de Fernando Gabeira. Editou literatura brasileira e obras de cunho político, particularmente memórias e denúncias sobre o período da ditadura militar. Já a L&PM foi fundada em 1974, pelos arquitetos gaúchos Ivan Pinheiro Machado e Paulo Lima. Editou livros de parlamentares de oposição, como Paulo Brossard e Pedro Simon, e outros de crítica à ditadura militar, além de autores como Millôr Fernandes, Mário Quintana, Eduardo Galeano, Moacyr Scliar, Josué Guimarães e Luis Fernando Verissimo. Permanece em atuação e expandiu-se desde o começo dos anos 2000, quando se especializou em livros de bolso, com a coleção L&PM Pocket.

Ele explica o que era a "cota de novidade":

> A grande maioria das editoras tinha o que se chamava de cota de novidades. [...] Isso era faturamento, nota fiscal, duplicata no final da semana, banco na outra semana, já saía com fatura para o banco.

Foi essa capacidade para utilizar tais mecanismos do mercado livreiro e financeiro que também possibilitou que o projeto da nova linha editorial pudesse ser efetivamente implementado.

Depois da coleção Bases, novas coleções de caráter político foram criadas: em 1979 as coleções Passado & Presente, Singular & Plural e Cadernos de Educação Popular. A primeira trazia livros que tratavam de temas da história recentíssima do país, em muitos casos eram livros-reportagem sobre temas quentes e polêmicos da conjuntura política, que confrontavam o governo ditatorial. Os títulos de maior sucesso dessa coleção foram: *Dossiê Herzog: Prisão, Tortura e Morte no Brasil*, de Fernando Pacheco Jordão (1979); *Guerra de Guerrilhas no Brasil*, de Fernando Portela (1979); e *Tortura: A História da Repressão Política no Brasil*, de Antônio Carlos Fon[26]; *Os Carbonários: Memórias da Guerrilha Perdida*, de Alfredo Syrkis (1980); e *Lamarca, o Capitão da Guerrilha*, de Emiliano José e Oldack Miranda (1980).

A coleção Singular & Plural publicou *Autocrítica*, de Fidel Castro; *Crônicas da Vida Operária*, de Roniwalter Jatobá (1979); e *Comando das Trevas*, de Rodolfo Konder (1980), entre outros. E os Cadernos de Educação Popular reuniram seis volumes, de autoria de Marta Harnecker e Gabriela Uribe, com textos de iniciação à teoria marxista.

---

26. Sobre este livro ver: Flamarion Maués, "A Tortura Denunciada sem Meias Palavras", *op. cit.*

Livros e Subversão

Ainda em 1979 foi lançado o primeiro número dos *Cadernos Trabalhistas*[27], publicação ligada a Leonel Brizola e aos setores que pretendiam refundar o Partido Trabalhista Brasileira, e que acabaram por fundar o Partido Democrático Trabalhista.

A edição dos *Cadernos Trabalhistas* se deu, entre outros motivos, porque Venâncio e Alves Jr. acabaram se vinculando ao brizolismo. Alves Jr. diz que se aproximou do Brizola

> [...] graças ao Zé Carlos; depois com o Cybilis Viana, o Doutel de Andrade, os monstros sagrados, começamos a trabalhar para eles. A editora fez muita coisa para o partido, ensaios, os *Cadernos Trabalhistas*, tirávamos edições grandes e dávamos para o partido, lançamos livros.

Mas Venâncio ressalta que "a nossa política editorial era ampla, independente e não-sectária e garantíamos espaço e voz a todos os que tinham em comum a luta contra a ditadura".

O êxito político e comercial da nova linha editorial da Global foi imediato. A editora logo se tornou uma das mais atuantes do país, publicando dezenas de títulos por ano, chegando a editar em alguns anos mais de cem obras. Apesar dos problemas com a censura e a apreensão de livros – sobre o que ainda falaremos um pouco mais –, a editora teve uma história de crescimento empresarial que durou muitos anos.

Na década de 1980 mais coleções de cunho político surgiram. Em 1981 aparecem quatro novas coleções: História Popular; Universidade Popular, que tinha o lema: "Por uma autoeducação per-

---

27. Os *Cadernos* foram assim definidos em texto publicado na última página da edição nº 2: "Uma publicação para discutir os problemas dos trabalhadores, as questões do trabalhismo. Para recuperar a história, aquecer a memória, remontar o passado, preparar o futuro. Para contar a história dos governos democráticos, das lutas por uma pátria mais justa. Para lutar pela reconstrução do PTB".

manente"; coleção Geopolítica e Estratégia; e coleção Teses, dirigida por Jaime Pinsky. Em 1983, temos a coleção Temas, também dirigida por Jaime Pinsky, e, finalmente, em 1984, a coleção Que País É Este?

Entre 1977 e 1985 a Global publicou também obras de literatura, com o início de duas coleções de êxito na editora até os dias de hoje: Os Melhores Contos e Os Melhores Poemas. Manteve a edição de alguns títulos relacionados à linha editorial que prevaleceu até 1976, e teve ainda coleções – que duraram pouco – nas áreas de linguística e cinema. Apesar disso, não resta dúvida de que nesse período prevaleceu na linha da editora a publicação de obras de caráter político, voltadas na maior parte dos casos para temas e discussões relacionados à conjuntura política do país naquele momento e à divulgação do pensamento socialista. Foram mais de 150 títulos com esse perfil editados nesse período, muitos deles com várias reedições. Alguns desses títulos – como os cinco da coleção Passado & Presente citados acima – estiveram nas listas dos livros mais vendidos do Brasil durante semanas.

PRESSÕES E PERSEGUIÇÕES

É interessante destacar que a nova linha editorial marcadamente política e de esquerda da Global, a partir de 1977-78, não gerou, imediatamente, maiores problemas com a censura. Estes se mantiveram, até 1979, concentrados nos títulos ligados às obras de cunho erótico e sexual, e nas obras de Plínio Marcos.

Este foi um autor muito perseguido, e seu livro *Abajur Lilás*, cuja 2ª edição saiu pela Global em 1978, foi proibido e recolhido pela Polícia Federal.

Eu ficava maluco, por que vinham apreender uns livros, por exemplo, o Plínio Marcos, aprenderam o *Abajur Lilás*, a polícia levou três mil exemplares. Eu dei entrevista no *Jornal Nacional* dizendo que estavam acabando conosco..." [conta Venâncio].

Somente em 1979, com o início da coleção Passado & Presente, é que começaram a surgir problemas em função da edição de obras de claro viés político, seja com a censura, seja na forma de pressões sobre a editora em função de determinados títulos publicados. Os livros dessa coleção tratavam de temas políticos "quentes", recentes, e que se relacionavam com denúncias sobre a repressão política no Brasil e em outros países da América Latina, incluindo torturas a perseguidos políticos.

Sem especificar maiores detalhes, Venâncio menciona que, em relação ao livro *Tortura: A História da Repressão Política no Brasil*, de Antônio Carlos Fon, "houve ameaça de bomba se o livro fosse lançado no Sindicato dos Jornalistas, que era presidido pelo Audálio Dantas". O jornalista Antônio Carlos Fon foi processado, a pedido do então ministro do Exército, general Fernando Bethlem, com base no artigo 14 da Lei de Segurança Nacional ("Divulgar, por qualquer meio de comunicação social, notícia falsa, tendenciosa ou fato verdadeiro truncado ou deturpado, de modo a indispor ou tentar indispor o povo com as autoridades constituídas"). O processo acabou por ser extinto, em consequência da Lei de Anistia aprovada em agosto de 1979[28].

Sobre as ameaças recebidas, Venâncio diz ainda:

> Não houve mais ameaças porque nesse momento nós já estávamos com a imprensa muito do nosso lado, nossos passos já eram conhecidos. Termos publicado o livro do Fon e depois o livro sobre o Lamarca... [*Lamarca, o Capitão da Guerrilha*, de Emiliano José e Oldack Miranda, lançado em 1980].

---

28. Flamarion Maués, "A Tortura Denunciada Sem Meias Palavras...", *op. cit.*

O Lamarca foi uma coisa que deu muita confusão, acho que foi o livro que mais nos provocou. Os autores sofreram pressões.

Venâncio recorda ainda outros tipos de intimidação. "Tínhamos algumas coisas indiretas, tinha sempre um jipe do II Exército, nós estávamos ali perto da [rua] Tutoia, toda hora apareciam carros militares, ficavam ali estacionados." A Global nessa época tinha sua sede numa rua do bairro de Vila Mariana, próxima à sede do II Exército e da rua Tutoia, onde funcionava o DOI-CODI, maior centro de torturas da capital paulista, onde foram assassinados dezenas de presos políticos[29].

Outro livro da coleção Passado & Presente também gerou perseguições contra a editora. Em 1979 a Global publicou *Paraguai: Fronteiras e Penetração Brasileira*, de Domingo Laino, um dos líderes da oposição paraguaia à ditadura de Alfredo Stroessner. "Houve também muita pressão de gente do Paraguai, por conta do livro do Domingo Laino", lembra Venâncio. Em abril de 1980 a editora promoveu um evento de lançamento do livro, com a presença do autor. Venâncio recorda que:

> O lançamento no Sindicato dos Jornalistas [de São Paulo] foi no mesmo dia em que o [então presidente João] Figueiredo estava visitando o Paraguai. Então ele [Laino] foi detido no aeroporto, foi aquela confusão, antes de começar houve ameaça de bomba, na própria editora houve ameaças. Não sei se foi o pessoal do Paraguai ou se foi o pessoal daqui... Esse foi o pior caso, saiu na imprensa, não conseguimos fazer o lançamento.

Por conta desses seguidos problemas com a Polícia Federal, Venâncio e Alves Jr. acabaram por ter que manter contatos com o

---

29. Teriam sido pelo menos 39 presos políticos mortos por torturas nas dependências do órgão. Cf. Marcelo Godoy, *A Casa da Vovó: Uma Biografia do DOI-CODI*, São Paulo, Alameda, 2014.

chefe da Censura Federal de São Paulo, José Vieira Madeira. "Era ele quem recebia as ordens do [Armando] Falcão [ministro da Justiça do governo Geisel] para apreender o material. Apreenderam muitos livros nossos, toda hora", reclama Venâncio.

De acordo com Venâncio, a situação só melhorou quando Madeira precisou pedir ajuda para ele em um caso:

> E teve uma hora em que o Madeira ficou mais ou menos amarrado comigo porque ele apreendeu um livro – não me lembro qual – e foi aberto o processo. O juiz pediu para a Polícia Federal cinco exemplares para instruir o processo e a PF não tinha nenhum. Aí ele me ligava e dizia: "Preciso conversar com você, você pode me ajudar, me quebra um galho". E eu dizia, você levou tudo, eu não tenho. "Eu sei que você tem." Eu vou ver se por acaso consigo, sei lá, um exemplar da minha cunhada, do meu irmão, do meu primo, se alguém tiver eu te arrumo, porque eu não quero que você tenha um problema. Aí eu dei, e ele nunca mais me encheu o saco, até me avisava: "Olha, chegou aqui uma ordem, vou te apreender um livro". Aí eu já deixava lá trinta, quarenta livros. São histórias...

Os problemas com a censura, que existiram desde os primeiros anos de atuação da Global, em virtude dos livros de temática erótico-sexual, continuaram com a mudança de linha editorial e o predomínio dos livros políticos e de esquerda a partir de 1977-78. O caso da Global Editora, no que diz respeito às perseguições e apreensões de livros, mostra que ela foi vítima de ações censórias tanto num caso como em outro, ou seja, tanto por razões relacionadas com a "moral e os bons costumes" como por razões ligadas ao conteúdo político e ideológico dos livros, e por sua temática de oposição à ditadura.

A partir de meados dos anos 1980, a Global começou a mudar novamente, de modo significativo, a sua linha editorial. Os livros políticos foram perdendo o protagonismo e as obras de literatura, literatura infanto-juvenil e outras voltadas para a venda em programas governamentais passaram a predominar no catálogo da editora. Na época, lembra Venâncio, ele ouviu muitas vezes a pergunta: "Vocês abandonaram a política?" Para ele não foi isso que ocorreu: "Não, agora a política já é livre, então cada um pode seguir o seu caminho, vamos continuar publicando, mas a editora vai trabalhar mais em cima do autor".

Pouco tempo depois, Luiz Alves Jr. e José Carlos Venâncio desfizeram a sociedade. O primeiro permaneceu à frente da Global. Venâncio, depois de passagens pela política, criou as editoras Ground e Aquariana, à frente das quais continua ainda hoje.

Quanto à Global, a editora está em plena atividade e crescimento, já agora com mais de 40 anos de vida e ainda sob a batuta de Luiz Alves Jr.

OBSERVAÇÕES FINAIS

A trajetória da Global se diferencia da maior parte das outras editoras de oposição que atuaram nos anos 1970 e 1980 por seu percurso particular, que se inicia sem qualquer conotação política, podendo ser caracterizada, em seus primeiros quatro anos, como uma editora generalista, eclética, cuja principal marca era a edição de obras de cunho comercial, erótico e sexual.

No entanto, a partir de 1977 a editora começa a mudar a sua linha de publicações por razões primordialmente comerciais, pois a empresa distribuidora à qual estava vinculada, e para cujo público direcionava suas edições, deixou de existir. Em função disso, Alves Jr. tornou-se o sócio majoritário da Global e buscou alternativas para a continuidade da editora. Foi nesse processo que a opção pela edição de obras políticas e de esquerda passou a ser vista como um caminho economicamente viável, numa conjuntura política ainda de ditadura, mas em que começavam a surgir timidamente os primeiros sinais de abertura "lenta, gradual e segura" – principalmente lenta a gradual... Desse modo, não foram motivações de ordem política que levaram à opção pela nova linha editorial, mas sim razões de ordem econômica. E é isso que faz da Global um caso particular entre as editoras de oposição, pois entre elas quase sempre o que definiu a sua existência e a sua atuação foram, em primeiro lugar, as questões políticas, e apenas secundariamente as questões econômicas.

Talvez seja isso, aliás, o que explica o fato de a Global ter conseguido continuar em atividade – e com crescimento – até hoje, enquanto a maior parte das editoras de oposição deixou de existir no começo dos anos 1990. Como na Global a opção pelas edições políticas estava submetida à lógica econômica e empresarial, essa opção deixou de ser prioritária para a editora a partir do momento em que o mercado deixou de ser tão receptivo a esse tipo de obra. Com isso, ela foi capaz de buscar novos rumos que permitissem a continuidade da sua atividade.

Portanto, no caso da Global, não foi uma definição política e ideológica predefinida que determinou a sua opção por uma linha editorial de caráter político – o que ocorreu com a maior parte das editoras de oposição no Brasil. Esta opção obedeceu a uma necessidade econômica e empresarial, e ocorreu em um momento em que foi possível arriscar a realização desse tipo de publicação de modo mais ousado, aproveitando-se das primeiras brechas da abertura política.

Esse aspecto não deve diminuir a percepção da coragem que os editores da Global tiveram de ter – e dos riscos que tiveram de correr – para realizar tal projeto naquele momento. Como vimos, houve ameaças e represálias à editora em função da linha editorial política adotada. E ainda que os livros editados não correspondessem a um programa ligado a um grupo ou organização política determinada, eles se colocavam claramente no campo da oposição à ditadura e de defesa das ideias socialistas, o que não era pouca coisa naquela conjuntura incerta em que o país vivia.

3
Livros como Prova de Subversão: Um Processo Judicial
Ana Caroline Castro

> *[...]*
> *O tempo é a minha matéria, do tempo presente, os homens presentes, a vida presente.*
>
> Carlos Drummond de Andrade, "Mãos Dadas", *Sentimento do Mundo*, 1940.

No conjunto dos processos da Justiça Militar reunidos no projeto *Brasil Nunca Mais*, todos com datas entre abril de 1964 e março de 1979, verificamos que o ano de 1970 foi o período com maior número de apreensões de livros de pessoas físicas. A Ação Libertadora Nacional, ALN, foi a organização com mais membros atingidos com a apreensão de livros. Este texto analisará o auto de busca e apreensão de Francisco Gomes, de junho de 1970, presente no processo 102[1] contra a ALN. Em sua condenação, a "literatura comunista" encontrada em sua residência figurou como prova de sua atividade subversiva.

---

1. A numeração que será usada neste texto é a que foi dada pelo projeto *Brasil Nunca Mais* quando catalogou os 707 processos da Justiça Militar Brasileira.

Livros e Subversão

Inspirados pelo trabalho de Michel Foucault[2] em *Vigiar e Punir*, em que o autor analisou os registros judiciais dos séculos XVIII e XIX, na Europa, para reconstruir a sistemática da repressão oficial do Estado, o projeto *Brasil Nunca Mais* reuniu advogados e religiosos, em 1979, em torno de um objetivo semelhante. Para tanto, obtiveram a cópia da quase totalidade dos processos políticos formados na Justiça Militar, em especial aos que chegaram à esfera do Superior Tribunal Militar (STM). As cópias dos processos e de todos os anexos que faziam parte da ficha dos acusados foram obtidas pelos advogados de defesa dos presos políticos, valendo-se do prazo de 24 horas dado pelo STM para consulta dos autos. O recurso financeiro para esta empreitada veio do Conselho Mundial de Igrejas, com a ajuda do Reverendo presbiteriano Jaime Wright e do cardeal Dom Paulo Evaristo Arns. Ao todo foram copiados 707 processos e seus anexos, reunindo cerca de um milhão de cópias em papel e mais de dez mil documentos apreendidos.

Em posse dessa documentação, a equipe do Brasil Nunca Mais passou a descrever, analisar e catalogar todas as informações contidas nos processos. O resultado desse trabalho foi dividido em dois. No Projeto A foi reunido o detalhamento dos processos, totalizando quase sete mil páginas, divididas em doze volumes. O acervo físico deste material, com acesso ao público, está na Unicamp, no Arquivo Edgar Leuenroth. Toda essa documentação foi digitalizada e também pode ser acessada virtualmente através do *site* do Brasil Nunca Mais Digital[3]. O Projeto B foi o lançamento do livro *Brasil Nunca Mais*, pela editora Vozes, em 1985, com um

---

2. Arquidiocese de São Paulo, *Projeto A – Brasil: Nunca Mais* (BNM), 1985a, t. I, p. 13.
3. O *site* pode ser acessado em: <http://bnmdigital.mpf.mp.br/#!/>. Acessado em 24 de novembro de 2014.

resumo do Projeto A e as principais denúncias de torturas contra presos políticos.

O acesso aos processos da Justiça Militar significava ter conhecimento de boa parte dos julgamentos políticos da ditadura, já que o Foro Militar passou a ser o responsável por apreciar praticamente todos os delitos contra a Segurança e a Ordem Social e Política do país, como se verá a seguir.

JUSTIÇA MILITAR E A LÓGICA DA SEGURANÇA NACIONAL

Até outubro de 1965, os crimes contra o Estado e a Ordem Política e Social eram julgados pela Justiça Comum, com base na Lei 1802/53[4], sancionada por Getúlio Vargas. A preocupação da lei era com a defesa da ordem política e social, defesa nacional, em especial das ameaças externas, limites territoriais e fronteiras, com a espionagem e o serviço secreto. A Justiça Militar era responsável apenas pelo julgamento dos acusados de crimes que ameaçassem a segurança externa do país. Nestes casos, a competência do caso passava para o Foro Militar e era julgado com base no Código da Justiça Militar.

O Ato Institucional nº 2, de outubro de 1965, altera essa lógica. A partir de então, qualquer pessoa, militar ou civil, envolvido em delitos contra a Segurança Nacional ou as instituições militares, passa a ser julgado por Foro Militar. Isso aconteceu com a modificação do § 1º do artigo 108 da Constituição Federal, como se segue:

Art. 108 – À Justiça Militar compete processar e julgar, nos crimes militares definidos em lei, os militares e as pessoas que lhes são assemelhadas.

---

4. Os *links* de acesso a todas as leis citadas estarão ao final do texto.

§ 1º – Esse foro especial poderá estender-se aos civis, nos casos expressos em lei, para a repressão de crimes *contra a segurança externa* do país ou as instituições militares.

O AI nº 2 fez a seguinte alteração:

§ 1º – Esse foro especial poderá estender-se aos civis, nos casos expressos em lei, para a repressão de crimes *contra a segurança nacional*, ou as instituições militares.

Com essa mudança, os crimes previstos na Lei 1.802/53 passam a ser de competência da Justiça Militar, com sua legislação processual própria. Essa alteração se insere dentro da lógica de Segurança Nacional dos militares que estavam no poder, advindos da Escola Superior de Guerra. O início da ESG, fundada em 1949, está relacionado aos militares que haviam combatido na Segunda Guerra Mundial na Itália, sob comando americano, e que, após o fim dos conflitos, foram em grande parte aos EUA para frequentarem cursos de formação militar. Castello Branco, Golbery de Couto e Silva estavam entre esses oficiais. Retornam ao Brasil

[...] profundamente influenciados por uma nova concepção a respeito de como entender a Defesa Nacional. Nas escolas americanas tinham aprendido que não se tratava mais de fortalecer o Poder Nacional contra eventuais ataques externos, e sim contra um inimigo interno que procurará solapar as instituições[5].

Aliada a essa nova lógica de combate ao inimigo interno, há um forte sentimento anticomunista que já existia entre os oficiais.

A primeira Lei de Segurança Nacional inteiramente elaborada pelo Regime Militar foi o Decreto-Lei 314, de março de 1967. Os

---

5. Arquidiocese de São Paulo, *op. cit.*, 1985a, t. I, p. 54.

conceitos e a responsabilização sobre a Segurança Nacional são reforçados, como se pode ver:

Art. 1º – Toda pessoa natural ou jurídica é responsável pela segurança nacional, nos limites definidos em lei.

Art. 2º – A segurança nacional é a garantia da consecução dos objetivos nacionais contra antagonismos, tanto internos como externos.

Art. 3º – A segurança nacional compreende, essencialmente, medidas destinadas à preservação da segurança externa e interna, inclusive a prevenção e repressão da guerra psicológica adversa e da guerra revolucionária ou subversiva.

§ 1º – A segurança interna, integrada na segurança nacional, diz respeito às ameaças ou pressões antagônicas, de qualquer origem, forma ou natureza, que se manifestem ou produzam efeito no âmbito interno do país.

§ 2º – A guerra psicológica adversa é o emprego da propaganda, da contrapropaganda e de ações nos campos político, econômico, psicossocial e militar, com a finalidade de influenciar ou provocar opiniões, emoções, atitudes e comportamentos de grupos estrangeiros, inimigos, neutros ou amigos, contra a consecução dos objetivos nacionais.

§ 3º – A guerra revolucionária é o conflito interno, geralmente inspirado em uma ideologia ou auxiliado do exterior, que visa à conquista subversiva do poder pelo controle progressivo da Nação.

Com esse Decreto-Lei 314, a ideia da guerra psicológica, revolucionária e subversiva é acentuada. Qualquer manifestação, crítica, propagação de ideia, de qualquer natureza, contrárias ao Regime Militar, a partir de então, era considerada ofensa à Segurança Nacional. Em março de 1969 um outro Decreto-Lei, o 510, altera em alguns pontos o DL 314. Possibilita uma nova forma de prisão, pelo encarregado do inquérito, prevê a incomunicabilidade por até dez dias do réu para averiguações policiais, entre outras medidas de caráter processual.

Livros e Subversão

Em setembro de 1969, o Decreto-Lei 898 torna-se a nova Lei de Segurança Nacional.

Esse Decreto-Lei trouxe absurdas alterações no tocante à definição dos crimes e intensidade das penas, tanto assim que previa, até mesmo, a pena de morte e a prisão perpétua, tendo dedicado um capítulo exclusivamente para disciplinar o processo nos crimes em que essas penas eram previstas[6].

Com essa radicalidade, o novo decreto não respeitava tratados e regras do direito internacional. Com ele, os juízes dos tribunais militares poderiam tomar as suas disposições usando os conceitos da Segurança Nacional para decidir se os réus eram culpados ou não, mesmo que não houvesse provas materiais da culpabilidade indicada.

Apenas em dezembro de 1978, com a Lei nº 6620, é que o Decreto-Lei 898 foi substituído e as penas de morte e prisão perpétua foram revogadas. A nova Lei de Segurança Nacional traz outras alterações do ponto de vista processual, como redução do prazo de incomunicabilidade do preso e a comunicação das prisões ao Poder Judiciário.

Como pode-se perceber através destas leis promulgadas durante o Regime Militar, a ideologia da Segurança Nacional permeou todo o universo jurídico e direcionou as ações das forças policiais, militares e civis. O inimigo interno e a subversão tornaram-se os principais perigos para os militares.

ANOS 1970 E APREENSÕES DE LIVROS

O fato da Lei de Segurança Nacional mais severa da ditadura ter sido promulgada em setembro de 1969, não é um fato isolado:

---

6. Arquediocese de São Paulo, *op. cit.*, 1985a, t. IV, p. 7.

Livros como Prova de Subversão...

O período que vai da edição do Ato Institucional nº 5 – AI-5, em dezembro de 1968, até 1974, com o desmantelamento dos grupos guerrilheiros de esquerda no país, ficou conhecido como "anos de chumbo". Foi o mais duro período da mais duradoura das ditaduras nacionais[7]. A "ditadura escancarada" produziu não apenas tortura, prisões clandestinas e coerção violenta. Mas também forte repressão e censura à cultura, em todas as suas formas de expressão.

Dentro dessa conjuntura, não fugiu da lógica repressiva o ano de 1970 aparecer como o principal em apreensão de livros entre os 707 processos que compõe o BNM. No entanto, a atuação das forças policiais contra a produção de livros existe desde o golpe, em 1964.

As ações confiscatórias ocorriam de forma primária, improvisada, efetuada por pessoas mal treinadas para este tipo de operação, e eram justificadas através da necessidade de garantir a Segurança Nacional e a ordem moral. Objetivava confiscar todo material considerado subversivo, contra o Regime, ou pornográfico, contra a família e os costumes[8].

O primeiro Ministro da Educação e Cultura indicado pelo Regime Militar, Flávio Suplicy Lacerda, assumiu o ministério com um histórico de censura e repressão a livros. Quando era reitor da Universidade do Paraná, havia mandado "arrancar várias páginas de obras de Zola, Pérez Galdós e Eça de Queirós na biblioteca da universidade, de onde baniu também obras de Sartre, Graciliano Ramos, Jorge Amado e Guerra Junqueira"[9]. No Ministério, estabeleceu o confisco de milhares de livros. As razões variavam: "por falarem de comunismo (mesmo que fosse contra), porque o autor

---

7. Elio Gaspari, *A Ditadura Escancarada*, São Paulo, Companhia da Letras, 2002, p. 13.
8. Alexandre Ayub Gaspari, *Censura no Regime Militar e Militarização das Artes*, Porto Alegre, EDIPUCRS, 2001, p. 215.
9. Laurence Hallewell, *O Livro no Brasil: Sua História*, 3. ed., São Paulo, Edusp, 2012, p. 633.

era *persona non grata* do regime, por serem traduções do russo, ou simplesmente porque tinham capas vermelhas"[10].

Um dos casos mais conhecidos de repressão a livros é do editor e dono da Editora Civilização Brasileira (ECB), Ênio Silveira. Preso sete vezes durante a ditadura[11], Silveira viu sua editora sofrer com diversas apreensões de livros, em gráficas ou livrarias, e com a pressão para que os livreiros não comprassem mais livros da ECB. A perseguição era tamanha que "muitos policiais se contentavam com qualquer coisa que tivesse a marca da Civilização Brasileira"[12].

Em uma das prisões de Ênio, em maio de 1965, com a alegação que ele havia recebido o ex-governador pernambucano deposto Miguel Arraes em sua casa, o presidente Castello Branco enviou ao chefe do Gabinete Militar, Ernesto Geisel um bilhete em que dizia:

> Por que a prisão do Ênio? Só para depor? A repercussão é contrária a nós, em grande escala. O resultado está sendo absolutamente negativo. [...] Há como que uma preocupação em mostrar "que se pode prender". Isso nos rebaixa. [...] Apreensão de livros. Nunca se fez isso no Brasil. [...] Os resultados são os piores possíveis contra nós. É mesmo um terror cultural[13].

Em entrevista para o livro *Editando o Editor*, Silveira conta que ouviu do coronel Gerson Pina a seguinte justificativa por enfrentar tanta pressão:

> Porque você é uma das mais eficientes armas de sabotagem dos nossos princípios de vida. Uma editora é uma arma perigosíssima, que você arma

---

10. *Idem, ibidem.*
11. Maria Rita Jobim Silveira, dissertação de mestrado, *A Revista Civilização Brasileira: Um Veículo de Resistência Intelectual*, PUC-RJ, 2007, p. 57.
12. Laurence Hallewell, *op. cit.*, p. 633.
13. Elio Gaspari, *op. cit.*, p.231.

Livros como Prova de Subversão...

silenciosa e constantemente. [...] Você é mais perigoso para nós que um sujeito que está assaltando um banco[14].

Nesse clima de caça aos livros que atentavam contra a Segurança Nacional, dentro da ideologia militar de ver como ameaça qualquer propagação de ideia diferente do Estado vigente, em 1965 é produzida pelo Departamento Federal de Segurança Pública, Divisão de Ordem Política e Social, a primeira lista de "livros tidos como subversivos" que se tem notícia. A lista é composta por trinta e três livros. A maioria com orientação de esquerda, de filosofia marxista, sobre história ou política. Uma reprodução dessa lista foi encontrada no Arquivo do Estado de São Paulo. Em papel timbrado da Secretaria de Segurança Pública, departamento de Ordem Política e Social do Estado de São Paulo, o documento afirma que é uma cópia autenticada do protocolo 32.960, de 1965.

Juntamente com a lista, há um ofício no qual estão as orientações sobre como usar a relação. Ali é possível ler:

> Cumprindo determinação de sua excelência, o Senhor Diretor Geral do Departamento Federal de Segurança Pública, bem como portaria do Exmo. Sr. Ministro da Justiça e Negócios do Interior, tenho a honra de dirigir-me a Vossa Excelência a fim de solicitar-lhe se digne determinar as providências necessárias no sentido de que sejam apreendidas, onde forem encontradas e expostas à venda, as obras constantes da relação anexa[15].

---

14. Jerusa Ferreira (org.), *Ênio Silveira*, São Paulo, Com-Arte/Edusp, 1992, p. 94. Editando o Editor 3.
15. Tanto a lista quanto o ofício foram encontrados no Arquivo do Estado de São Paulo e podem ser acessadas em: <http://www.arquivoestado.sp.gov.br/upload/Deops/OS_old/BR_SPAPESP_DEOPSOS0000730001.pdf>. Acesso em 28 de outubro de 2014.

SECRETARIA DA SEGURANÇA PÚBLICA
DEPARTAMENTO DE ORDEM POLÍTICA E SOCIAL
SÃO PAULO PROTOCº nº 32.960/65-Fls.3-

-CÓPIA FIEL -   - D.P.A.-

= DEPARTAMENTO FEDERAL DE SEGURANÇA PÚBLICA =
= DIVISÃO DE ORDEM POLÍTICA E SOCIAL =
= RELAÇÃO DOS LIVROS TIDOS COMO SUBVERSIVOS =

Título:	Autôr:
História Militar do Brasil	-Nelson Werneck Sodré.
Palavras de Arraes	-Miguel Arraes
Manifesto do Partido Comunista	-Karl Marx e Friedrich Engels.
O Golpe começou em Washington.	-Edmar Morel
Política e Revolução Social no Brasil	Otávio Iani-Paulo Singer-Gabriel Cohn e Francisco C.Weffort
Julião Nordeste Revolução	-Lêda Barreto.
Moscou, Varsóvia Berlim	- José Guilherme Mendes
Do Socialismo Utópico ao Socialismo Científico.	-Friedrich Engels.
O Golpe de Abril -	Edmundo Muniz.
Quem pode fazer revolução no Brasil	- Bolivar Costa.
Filosofia Marxista.	-V.G.Afanasiev
Revolução e Contra Revolução no Brasil	-Vamirh Chacon
O Canhão e a Foice.	-P.E.Lapide.
Que foi o tenentismo -	Virginio Santarosa
Que é o Imperialismo.	-Eduardo Bailby
Como seria o Brasil Socialista ?.	-Nestor de Holanda
Que é a Revolução Brasileira	-Franklin de Oliveira
1º de Abril	- Mário Lago
A Invasão da América Latina.	-John Gerassi
A Crise Geral do Capitalismo.	-N.Draguilev
História Moderna	-N.Efinov.
História Contemporânea.	-V.M.Ivostov e L.I.Zubek
Salário-Preço e Lucro.	-Karl Marx.
Trabalho Assalariado e Capital.	-Karl Marx.
História da Idade Média	-E.A.Kosminsky
Terra e Sangue.	-Mikhail Cholokhov
Fundamentos do Marxismo-Leninismo.	-diversos autôres
Marxismo e Alienação.	-Leandro Konder
A diplomacia do Dólar.	- L.Vladimirov
A Concepção Materialista da História.	- G.Plekhanov.
Coleção História Novas -	diversos autôres.
Falência das Elites.	-Adelaide Carraro
O Golpe em Goiás.	-Mauro Borges.

393

Fig. 8: Relação de livros tidos como subversivos (*Fonte*: Arquivo Público do Estado de São Paulo).

SECRETARIA DA SEGURANÇA PÚBLICA
DEPARTAMENTO DE ORDEM POLÍTICA E SOCIAL
SÃO PAULO

=CARTÓRIO DA DELEGACIA ESPECIALIZADA DE ORDEM SOCIAL =

= C ó p i a   F i e l =

     Cumprindo determinação do Dr. Delegado Titular -
da Delegacia Esp.de Ordem Social,eu, _____
(José Lobo Moreira Campos)escrivão chefe do cartório desta Especializada,extraí cópia fiel do ofício nº 882/65, capeado pelo
protocolado nº 032.960 da Diretoria Geral da Secretaria de Estado dos Negócios da Segurança Pública do Estado de São Paulo-
no qual é interessado da relação de livros tidos como subversivos, o DEPARTAMENTO FEDERAL DE SEGURANÇA PÚBLICA e, cujo ofício é do teôr seguinte:- ARMAS DA REPUBLICA- MINISTÉRIO DA JUS-
TIÇA E NEGÓCIOS INTERIORES-DEPARTAMENTO FEDERAL DE SEGURANÇA =
PÚBLICA=DELEGACIA REGIONAL DE SÃO PAULO -Rua Piauí nº527-OFÍCIO
Nº 882/65-Em 8 de dezembro de 1965.-DO DELEGADO REGIONAL DO =
DFSP EM SÃO PAULO-Ao Exmo.Sr. Secretário da Segurança Pública-
ASSUNTO:- Solicitação(faz)

    Senhor Secretário:

        Cumprindo determinação de Sua Exce-
lência,o Senhor Diretôr Geral do Departamento Federal da Segurança Pública,bem como portaria do Exmo.°r.Ministro da Justiça
e Negócios do Interior,tenho a honra de dirigir-me a Vossa Ex-
celência a fim de solicitar-lhe se digne determinar as providências necessárias no sentido de que sejam apreendidas, onde -
forem encontradas e expóstas à venda,as obras constantes da -
relação anéxa.

      Devo informar a Vossa Excelência -
que tal medida se faz DESNECESSÁRIA NESTA CAPITAL,EM SANTOS e -
BAURÚ,onde já procedemos às devidas providências.

      Grato pela sua atenção,valho=me da
oportunidade para reiterar os pretestos de admiração e respeito.

     aa.à tinta.Silvio Corrêa de Andrade

   datilografado:Gem.Ref. SILVIO CORRÊA DE AN=
        DRADE-DELEGADO REGIONAL.

AO EXCELLENTÍSSIMO SENHOR
DEPUTADO CANTÍDIO NOGUEIRA SAMPAIO
DIGNÍSSIMO SECRETÁRIO DOS NEGÓCIOS DA
SEGURANÇA PÚBLICA DO ESTADO DE SÃO PAULO.

Fig. 9: Ofício sobre a relação de livros tidos como subversivos (*Fonte*: Arquivo Público do Estado de São Paulo).

Livros e Subversão

O texto do ofício ainda afirma que a medida de apreensão é "desnecessária nesta Capital, em Santos e Bauru, onde já procedemos às devidas providências", indicando que apreensões já haviam sido feitas nestes locais. Não é possível saber se outras listas, como essa, foram publicadas. Mas essa é um indicativo de que, mesmo sem nenhuma legislação que impedisse a edição, publicação e circulação de livros com temáticas filosóficas e políticas, dava embasamento jurídico às apreensões, elas ocorreram e foram orientadas pelo Governo Federal.

Em 22 de janeiro de 1966, o *Jornal do Brasil* publicou em editorial sua visão sobre as apreensões que estavam acontecendo em São Paulo. Ao comparar a relação dos autores de livros apreendidos publicada no JB e a lista da polícia, apenas Feuerbach (Ludwig Andreas Feuerbach) não consta da lista dos subversivos. Os demais autores tinham obras que deveriam ser "apreendidas": Marx, Engels, Plekhanov, Mikhail Cholokov, Afanasiev, Draguiley, Ivostok, Zubok, Vladimirov.

O jornal ainda usa de ironia para descrever o que chama de "festival feérico do ridículo":

> [...] pelo que se depreende do material apreendido, todo livro cujo o título se referia a socialismo, marxismo, comunismo ou tenha na capa nome de autor russo, ou assemelhado, deve ser recolhido à fogueira purificadora do Dops. E por aí os equívocos cometidos são de tal ordem que parece apenas ter escapado o Livro Vermelho de telefones.

O PROCESSO 102: O LIVRO COMO PROVA

Além dos editores, das livrarias e bibliotecas, as pessoas comuns também tiveram seus livros apreendidos. Uma diferença significativa entre as ocorrências, é que na maior parte dos casos das pessoas

Espírito policial

Em São Paulo, a polícia volta a praticar atentados contra o patrimônio e contra os brios culturais do País: numerosos livros nacionais e estrangeiros, entre os quais se contam alguns dos principais clássicos da literatura política e econômica de todos os tempos, foram apreendidos numa *blitz* e confiscados. Já não basta dizer que êsses espetáculos degradantes deprimem a nossa consciência democrática e fazem a vergonha do Brasil no exterior. É que as barreiras da sensatez, no caso, parecem irremediàvelmente ultrapassadas e o que agora temos diante de nós pode definir-se como um festival feérico do ridículo. As proezas iconoclastas da polícia política em São Paulo lograram, à força da persistência, entrada franca no anedotário da tolice universal. Aqui e alhures elas poderão ser citadas como peças modelares da ignorância organizada e institucionalizada.

Concedamos que nem tudo é ridículo nessas sortidas policiais contra a inteligência escrita. Pois há também a parte da chantagem e do achaque, levados a efeito sob a mira de metralhadoras e com o sêlo da autoridade pública. Sabe-se que nas expedições confiscatórias tem funcionado à larga a esperteza de certos agentes policiais habituados a êsse tipo de tramóia: a pretexto de seqüestrarem livros ditos subversivos, surrupiam de cambulhada obras de alto preço, como enciclopédias e dicionários, cujo destino ninguém pode acreditar que seja o de suas bibliotecas particulares.

Entre os livros que o DOPS paulista arrola como subversivos se incluem, por exemplo, as obras mestras de Marx, Engels, Feuerbach e Plekhanov. Lá está, na lista negra da nova inquisição de fancaria, o Prêmio Nobel de Literatura de 1965, Mikhail Cholokov. Também contemplados Afanasiev, Draguiley, Ivostok, Zubok, Vladimirov e uma vasta relação de teóricos e divulgadores da doutrina socialista, ou simples estudiosos neutros da matéria. Pelo que se depreende do material apreendido, todo livro cujo título se refira a socialismo, marxismo ou comunismo ou tenha na capa nome de autor russo ou assemelhado, deve ser recolhido à fogueira purificadora do DOPS. E por aí os equívocos cometidos são de tal ordem que só parece ter escapado o Livro Vermelho de Telefones.

Não pode o Govêrno permitir que em nome de suas razões de segurança tais desatinos continuem a ser praticados por autoridades ineptas. A literatura subversiva, como aquela que atenta contra a moral e os bons costumes, já é objeto de repressão baseada na Constituição e na lei. Para isso existe um aparelho policial e judiciário de censura, em condições de fazer a triagem necessária, impedindo a publicação ou a divulgação do que é subversivo ou imoral. Não estamos declarando, aqui, a inexistência pura e simples da literatura subversiva, mas pedindo que não haja confusão de critérios, e de tal modo grosseira, que a medida de segurança se perca pelo risível.

Temos um nôvo Ministro na Pasta da Educação, convocado precisamente pelo Govêrno para destruir o muro de incompatibilidades, preconceitos e desajustamentos que foi levantado no primeiro ano da Revolução entre o poder público e as classes intelectuais — do estudante ao professor, ao escritor, ao cientista. Estamos confiantes em que o Ministro Pedro Aleixo não demorará em cumprir a tarefa que lhe foi outorgada, começando por neutralizar a conspiração de intolerância e obscurantismo que se armou em tôrno dos padrões culturais do País.

Não há mais tempo a perder. É preciso que o Brasil acabe com o ridículo. Do contrário estaremos consentindo que o ridículo acabe com o Brasil.

Fig. 10: Editorial do *Jornal do Brasil*, Rio de Janeiro, 22 de janeiro de 1966, p. 6.

físicas a apreensão do livro não era o objetivo central da atuação dos agentes policiais. Ao realizar ações de apreensão na casa das pessoas consideradas subversivas pelo regime militar, a finalidade era encontrar e apreender provas das atividades revolucionárias dos suspeitos. Sendo assim, tudo que pudesse incriminar os acusados era recolhido e levado para constar nos autos e, posteriormente, processos judiciais.

Ao considerar as referências a "auto de busca e apreensão de livros" de pessoas físicas, nas mais de novecentas mil páginas que compõem os processos arquivados do Brasil Nunca Mais, encontramos 325 citações, em 145 diferentes processos. Em muitos processos não foram encontradas referências à apreensão de livros. E, em alguns casos, foram encontrados vários autos de busca de livros em um mesmo processo. É importante ressaltar que esse número não representa a totalidade dos livros apreendidos, mas sim os que foram encontrados pelo sistema de busca disponibilizado no *site* que abriga todo o material.

Observando a informação coletada, chegou-se ao dado de que o ano de 1970 foi o que mais apresentou apreensão de livros. Ao todo foram 74 diferentes autos de busca e apreensão, em trinta processos, atingindo dezoito organizações de esquerda. A ALN – Ação Libertadora Nacional – é a principal em dez destes processos, sendo 24 autos de busca e apreensão, totalizando 276 livros apreendidos, apenas no ano citado.

A ALN foi a organização de maior expressão e maior número de membros entre os grupos que tiveram ações de guerrilha urbana entre 1968 e 1973. "Nasceu como cisão do PCB entre 1967 e 1968 e sua história está indissoluvelmente ligada ao nome de Carlos Marighella"[16]. Descontente com a maneira como o PCB havia se

---

16. Arquidiocese de São Paulo, *op. cit.*, 1985a, t. III, p. 40.

portado na renúncia de Jânio Quadros em 1961 e no Golpe de 1964, Marighella se desliga do Partido e organiza a ALN. "A ação faz a vanguarda", torna-se lema central da ALN, uma organização sem direção coletiva, com autonomia para os diferentes grupos agirem, onde "ninguém precisa pedir licença a ninguém para fazer a Revolução"[17].

Marighella, que já era perseguido e havia sido preso e baleado logo após o Golpe, torna-se um dos principais inimigos da ditadura quando as ações armadas têm início, principalmente no Rio de Janeiro e em São Paulo. A ALN ganha visibilidade especialmente após o sequestro do embaixador norte-americano em 1969, feito juntamente com o MR-8, em cujo resgate foi exigida a libertação de quinze prisioneiros políticos e a divulgação de um manifesto revolucionário nos meios de comunicação. Após esse episódio, a repressão à ALN aumenta ainda mais e Marighella acaba morto em uma emboscada liderada por Sérgio Fleury em São Paulo. O ano seguinte, 1970, começa com uma caça a todos os membros da organização. A forte repressão também aparece no aumento de prisões e consequentes apreensões de livros de membros da ALN.

O auto de busca e apreensão que será detalhado aqui faz parte do processo que recebeu o número de 102, no Projeto Brasil Nunca Mais e está no nome de Francisco Gomes, membro da ALN. Neste processo quarenta pessoas ligadas à ALN foram acusadas pelo Ministério Público. O objeto da acusação era: agrupamento prejudicial à Segurança Nacional, tentativa de subversão, provocação de guerra subversiva, roubo ou dano à instituição financeira e sabotagem e terrorismo. Do total, dezoito pessoas

---

17. *Idem*, p. 40.

foram condenadas, em penas que variaram de um a quinze anos de reclusão. A denúncia aconteceu em 3 de novembro de 1970 e a sentença em 11 de maio de 1972.

Francisco Gomes foi condenado à revelia, pois estava foragido. A sua pena foi de quinze anos de reclusão, com base no artigo 25 do Decreto-Lei 898/69, a Lei de Segurança Nacional então vigente.

Art. 25º – Praticar atos destinados a provocar guerra revolucionária ou subversiva:
Pena: reclusão, de cinco a quinze anos.

A sentença afirma que os quarenta denunciados do processo tinham um objetivo: a "instalação de uma revolução armada no país, para a mudança da estrutura sociopolítica vigente por uma outra, de natureza marxista-leninista". A fim de confirmar a participação de cada um dos denunciados e condená-los efetivamente, era preciso provar qual tinha sido a ação de cada um para promover a revolução armada e a mudança da estrutura política.

O que chamou a atenção na sentença individual de Francisco Gomes, e que destaca esse processo dos demais, é que os livros apreendidos em sua casa serviram de prova de sua subversão, além de depoimentos de outros membros da ALN que confirmaram sua participação em expropriações e outras ações armadas do grupo.

De todo o material apreendido em sua residência, o primeiro item destacado nas provas para condenação foi a literatura comunista. É interessante notar que entre os outros itens arrolados, há um trabalho intitulado: *Operações e Táticas Guerrilheiras*, que aparentemente seria mais incriminador do que os livros. O fato

```
************
5. FRANCISCO GOMES, vulgo "Beduino", dado em lugar incerto e
             não sabido na certidão de fl.1404,citado
             pelo edital de fl.1460, declarado revel a
fl.1462, recebendo curador na pessoa da Dra. Advogada de Ofício,
réu a quem a denúncia atribui e seguinte : MENCIONADO POR DIVERSOS
CO-RÉUS COMO PARTICIPANTE DA ORGANIZAÇÃO CRIMINOSA, EM SUA RESIDÊN-
CIA FOI APREENDIDO O MATERIAL CONSTANTE DE FL. 709, QUE NÃO DEIXA
DÚVIDA QUANTO À ATIVIDADE DO DENUNCIADO, pelo que o MP requer sua
condenação nas penas dos artigos 14,23 e 25 de DL 898/69.--
            O auto de apreensão de fl. 709, no 3º volume,
arrola :
-literatura comunista
-um retrato de Luiz Carlos Prestes
-um distintivo de metal ( foice e martelo)
-uma carteira de identidade da Câmara dos Deputados,em nome de
CARLOS MARIGHELLA
-uma cédula de identidade falsa, com fotografia de Francisco Gomes
-onze folhas datilografadas sob título "OPERAÇÕES E TÁTICAS GUERRI-
LHEIRAS"
```

```
            Tudo bem visto e examinado, julga o Conselho provado,
pelas expostas razões, que o réu , como os demais até agora jul-
gados neste processo, estava absolutamente integrado na crimi-
nosa atividade desenvolvida pela ALN no território de jurisdição
desta 2a. CJM, praticando - enquanto organização - homicídios,
assaltos e outros crimes comuns e de extrema gravidade, sob orien-
tação de "Capitão Firmin", de Havana, com o fim de provocar no
país a guerra revolucionária.
            Foragido, seu nome é mencionado em outro processo,nes-
ta Auditoria, sobre idênticas atividades. Assim, entende o Con-
selho de julgar procedente, em parte, a Denúncia ; e, por maioria
de votos, condenar FRANCISCO GOMES , vulgo "Beduino", à pena de
15 anos de reclusão, com base no artigo 25 de decreto-lei 898/69.
Ficaram vencidos os Juízes Capitão Ivan Filho, que condenava o
réu a 5 anos de reclusão, pelo artigo 14 do mesmo diploma ; e Cap.
Roberto Guimarães, que condenava o réu a 14 anos de reclusão,
com base no artigo 25 do mesmo diploma.--
            ************
```

Fig. 11: Sentença individual de Francisco Gomes
(*Fonte*: BNM – Processo 102, pp. 2640 e 2642).

SECRETARIA DA SEGURANÇA PÚBLICA

DEPENDÊNCIA DELEGACIA ESPECIALIZADA DE ORDEM SOCIAL

= AUTO DE APREENSÃO =

Aos vinte e seis dias do mês de junho de mil novecentos e sessenta, nesta cidade de São Paulo, na Delegacia Especializada de Ordem Social, onde se achava o Senhor Doutor EDSEL MAGNONI, Delegado de Polícia Adjunto, comigo escrivão de seu cargo ao final assinado, aí, na presença das testemunhas infra-assinadas, determinou a autoridade a apreensão do material subversivo encontrado em poder de FRANCISCO GOMES, vulgo "BICO", entregues nesta Delegacia por agentes da Operação Limpeza, a seguir discriminados: Um livro intitulado "Vietnã a guerrilha por dentro, digo, a guerrilha vista por dentro" de Wilfred G. Burchett; Um livreto denominado "Do Socialismo Utópico ao Socialismo Científico" de Friedrich Engels; Um livro intitulado " A Origem da família, da propriedade privada e do estado" de Friedrich Engels; Um livro intitulado "Obras Escolhidas" - Marx & Engels; Um livro intitulado "Lênin - os Sindicatos"; Um livreto intitulado "Conferências dos Representantes dos Partidos Comunistas e Operários"; Um livro intitulado " Morte ao Invasor Alemão" de Ilya Ehrenburg; Um livro intitulado "Espanha-Gênese da Revolução" de Alvaro de Casas; Um livreto intitulado "Guevara-Guerrilha"; Um folheto denominado "Eu, Gregório Bezerra, Acuso!"; Um livro intitulado "A aliança operário-camponesa" - Lênin"; Um livreto intitulado "Canto da Liberdade" de Pompílio Diniz; Um livreto de nome "Imprensa e Desenvolvimento Econômico" de Luis Ferri Lima; Um folheto intitulado "A Jovem Geração da U.SS; Um livro intitulado "Trabalho assalariado e capital" de Karl Marx; Um livreto intitulado "A reforma agrária em Cuba"; Um livro intitulado "Minha vida de revolução" de Agliberto Vieira de Azevedo; Um livro intitulado "Formação do PCB" de Astrojildo Pereira; Um livro intitulado "IV Congresso do Partido Comunista Brasileiro" Uma estampa de Luiz Carlos Prestes; Um distintivo metálico com o signo do comunismo; Uma carteira de identidade-Carteira dos Deputados"- Deputado- pertencente a Carlos Marighela; Uma cédula de identidade falsificada, com a foto de Francisco; Onze folhas mimeografadas com o título de "Operações Sino Guerrilheiras"; Quatro folhas mimeografadas sobre assuntos de natureza subversiva; Vinte e uma folhas mimeografadas

(continua)

Fig. 12a.

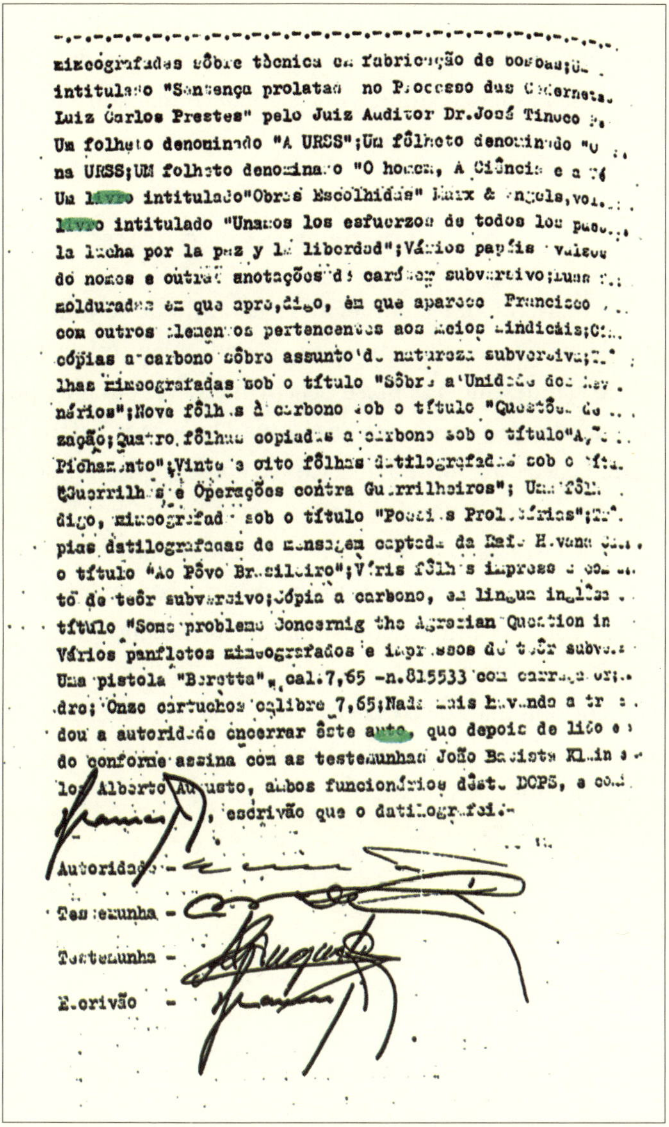

```
-.-.-.-.-.-.-.-.-.-.-.-.-.-.-.-.-.-.-.-.-.-.-.-.
mimeografadas sôbre técnica de fabricação de bombas;U.
intitulado "Sentença prolatada no Processo das Cadernetas
Luiz Carlos Prestes" pelo Juiz Auditor Dr.José Tinoco ;.
Um folheto denominado "A URSS";Um fôlheto denominado "O
na URSS;UM folheto denominado "O homem, A Ciência e a
Um livro intitulado"Obras Escolhidas" Marx & Angels,vol...
livro intitulado "Unamos los esfuerzos de todos los pue...
la lucha por la paz y la liberdad";Vários papéis valor
do nomes e outras anotações ds caráter subversivo;uma
molduradas em que apro,digo, em que aparece Francisco
com outros elementos pertencentes aos meios sindicais;C...
cópias a carbono sôbre assunto de natureza subversiva;...
lhas mimeografadas sob o título "Sôbre a Unidade dos
nários";Nove fôlh..s à carbono sob o título "Questões de
sação;Quatro folhas copiadas a carbono sob o título"A,
Pichamento";Vinte e oito fôlhas datilografadas sob o
"Guerrilhas e Operações contra Guerrilheiros"; Uma fôl
digo, mimeografad. sob o título "Poesias Proletárias";
pias datilografadas de mensagem captada da Rad. H.vana
o título "Ao Pôvo Brasileiro";Vários fôlhas impresso
to de teôr subversivo;Cópia a carbono, em lingua inglesa
título "Some problems Concernig the Agrarian Question in
Vários panfletos mimeografados e impressos de teôr subve...
Uma pistola "Beretta", cal.7,65 -n.815533 com carrega or...
dro; Onze cartuchos calibre 7,65;Nada mais havendo a tr
dou a autoridade encerrar êste auto, que depois de lido e
do conforme assina com as testemunhas João Batista Klein
lo Alberto Augusto, ambos funcionários dêst. DOPS, e co...
, escrivão que o datilografoi.-
```

Autoridade -
Testemunha -
Testemunha -
Escrivão -

Fig. 12b: Auto de apreensão de Francisco Gomes
(*Fonte*: BNM, Processo 102, pp. 1131-1132).

é que, em conjunto com os outros objetos e denúncias, os livros apreendidos foram arrolados como comprovação da subversão e crime de Francisco Gomes, que é então condenado a quinze anos de prisão, como se vê abaixo:

OS LIVROS DE FRANCISCO GOMES

Francisco Gomes era ferroviário, antes de se juntar à Marighella na ALN, era membro do Partido Comunista Brasileiro, então clandestino. Foi preso pela primeira vez em 1963, por causa de sua atuação como Tesoureiro da União dos Ferroviários da Estrada de Ferro Sorocabana. Com o golpe, foi destituído do cargo mas continuou atuando junto aos ferroviários. Em 1967 ele deixa o PCB e entra na ALN. A apreensão dos livros na casa de Francisco Gomes aconteceu em 26 de junho de 1970. Foram apreendidos 21 livros, sobre política, marxismo, socialismo, filosofia.

Como os documentos presentes no *Brasil Nunca Mais* foram copiados há mais de três décadas, a qualidade de leitura as vezes é sofrível. Segue abaixo a lista com os nomes e autores que foram identificados.

Tabela 1. Títulos e autores presentes no Projeto *Brasil Nunca Mais*

LIVRO	AUTOR
Vietnã – A Guerrilha Vista por Dentro	Wilfred G. Burchett
Do Socialismo Utópico ao Socialismo Científico	Friedrich Engels
A Origem da Família, da Propriedade Privada e do Estado	Friedrich Engels
Obras Escolhidas	Karl Marx e Friedrich Engels

Lênin – Os Sindicatos	sem especificação
Conferências dos Representantes dos Partidos Comunistas e Operários	sem especificação
Morte ao Invasor Alemão!	Ilya Ehrenburg
Espanha (Gênese de Revolução)	Alvaro Maria de las Casas
Guevara – Guerrilha	sem especificação
Eu, Gregório Bezerra, Acuso!	Gregório Bezerra
A Aliança Operário-Camponesa	Vladimir Ilitch Lênin
Canto da Liberdade	Pompílio Diniz
Imprensa e Desenvolvimento econômico	Luis Ferreira Lima
Trabalho Assalariado e Capital	Karl Marx
A Reforma Agrária em Cuba	sem especificação
Minha Vida de Revolução	Agliberto Vieira de Azevedo
Formação do PCB	Astrogildo Pereira
IV Congresso do Partido Comunista Brasileiro	sem especificação
Sentença Prolatada no Processo das Cadernetas de Luiz Carlos Prestes	José Tinoco Barretto (juiz)
Obras Escolhidas	Karl Marx e Friedrich Engels
Unamos los Esfuerzos de Todos los Pueblos em la Lucha por la Paz y la Liberdad	sem especificação

Nenhuma das 21 obras apreendidas na casa de Francisco Gomes aparece em qualquer lista conhecida de livros censurados. Os livros não eram proibidos. Mas dois dos livros apreendidos de Gomes estão na lista de "livros tidos como subversivos", do

Livros e Subversão

Departamento Federal de Segurança Pública, sob os quais havia a determinação de apreensão: *Trabalho Assalariado e Capital*, de Karl Marx e *Do Socialismo Utópico ao Socialismo Científico*, de Friedrich Engels.

CONSIDERAÇÕES FINAIS

Pode-se perceber que o controle e a repressão do Estado contra os livros que eram considerados subversivos atingiu diversos níveis. Desde as editoras e livrarias, profissionais que trabalhavam no mundo editorial e as pessoas físicas. A lista produzida pelo governo federal de livros subversivos pode ter servido de guia para os policiais que operavam essas ações. Livros de esquerda, clássicos do pensamento socialista ou de denúncia eram uma ameaça para o Regime que entendia que a Segurança Nacional não permitia nenhum pensamento contrário, crítico ou de opinião.

Enquanto as apreensões nas livrarias e editoras tinha como objetivo principal tirar os livros subversivos de circulação, a busca nas residências ou aparelhos de pessoas consideradas subversivas tinha outro fim. Os agentes da repressão entravam nas casas à procura de qualquer objeto, documento que pudesse incriminar o suspeito. Entre o que era apreendido, diversas vezes estavam livros.

No conjunto dos documentos que compõe o Projeto Brasil: Nunca Mais constatamos que no processo judicial número 102 os livros não apenas foram apreendidos, como também foram arrolados como prova para condenação do réu. Com relação a Francisco Gomes a posse de literatura comunista foi usada como prova de subversão.

LEIS CITADAS

Lei 1802/53, disponível: <http://www.planalto.gov.br/ccivil_03/leis/1950-1969/L1802.htm>.

Decreto-Lei 314, disponível: <http://www2.camara.leg.br/legin/fed/declei/1960-1969/decreto-lei-314-13-marco-1967-366980-publicacaooriginal-1-pe.html>.

Decreto-Lei 510, disponível: <http://legis.senado.gov.br/legislacao/ListaTextoIntegral.action?id=177931&norma=195022>.

Decreto-Lei 898, disponível: <http://www2.camara.leg.br/legin/fed/declei/1960-1969/decreto-lei-898-29-setembro-1969-377568-publicacaooriginal-1-pe.html>.

Lei 6.620/78, disponível: <http://www2.camara.leg.br/legin/fed/lei/1970-1979/lei-6620-17-dezembro-1978-365788-publicacaooriginal-1-pl.html>.

4

Revista Civilização Brasileira: Resistência Cultural à Ditadura

Andréa Lemos

> *Jogaram a viola no mundo*
> *Mas fui lá no fundo buscar*
> *Se eu tomo a viola*
> *Ponteio!*
> *Meu canto não posso parar*
>
> EDU LOBO, *Ponteio*, 1967.

Diante de um imenso leque de publicações a serem destacadas do conjunto do empreendimento do editor Ênio Silveira[1], em sua reconhecida atuação na construção da linha editorial da Civilização Brasileira, selecionamos a *Revista Civilização Brasileira* para análise devido ao seu grande sucesso editorial entre todas as publicações da editora.

A *Revista Civilização Brasileira* (RCB) foi uma publicação bimestral, reuniu 22 números e três cadernos especiais no período de sua existência, de 1965 a 1968, totalizando vinte revistas, uma

---

1. Para maior conhecimento do conjunto das ações do editor ver: Andréa Lemos, "Ênio Silveira: O Empresário Militante", em Marcelo Badaró Mattos (org.), *Livros Vermelhos: Literatura, Trabalhadores e Militância no Brasil*, Rio de Janeiro, Bom Texto/Faperj, 2010.

vez que alguns números foram publicados em um único volume. Mais tarde, em 1978, retornou com outro nome, *Encontros com a Civilização Brasileira*, e permaneceu até 1982.

Nas vinte revistas publicadas foram agrupados 531 artigos, subdivididos até 1966 em dezenove temas. Após essa data, os títulos permaneceram diversificados em seus assuntos, abrangendo os mesmos temas, porém, não eram explicitados no índice. Seu formato e conteúdo eram similares às revistas acadêmicas, apresentando-se como um livro, embora não fosse elaborada em ambiente universitário e não publicasse necessariamente resultados de pesquisa.

Os artigos tinham em média quinze páginas e eram procedentes de várias partes do país, escritos por diversos autores e selecionados por Moacyr Félix[2], principalmente. Nelson Werneck Sodré e Manuel Cavalcanti Proença também se reuniam para a editoração da revista, que sempre, em última instância, passava pela aprovação de Ênio Silveira. Alguns artigos não publicados na época foram utilizados quando a revista reapareceu em 1978 com o título *Encontros com a Civilização Brasileira*. Outros nunca foram publicados, permanecendo em posse de Moacyr Félix[3].

O Conselho Editorial foi integralmente apresentado apenas em 1965, e durante todo esse ano seu diretor era Ênio Silveira e o secretário Roland Corbisier. Composto por 16 membros, o Conselho de Redação integrava: Alex Viany (membro do PCB), Álvaro Lins, Antônio Houaiss (filólogo), Cid Silveira, Dias Gomes (escritor), Edison Carneiro (sociólogo, membro do PCB), Ferreira Gullar (poeta), Haiti Moussatché, M. Cavalcanti Proença, Moacyr Félix, Moacyr Werneck de Castro, Nelson Lins e Barros (músico),

---

2. Segundo Moacyr Félix, diretor da revista, em entrevista a autora no dia 5.1.2000.
3. *Idem*.

Fig. 13: Capa da *Revista Civilização Brasileira* nº 1.

> REVISTA CIVILIZAÇÃO BRASILEIRA
> *Lançamento Bimestral da*
> EDITÔRA CIVILIZAÇÃO BRASILEIRA S.A.
> Rua 7 de Setembro, 97
> Rio de Janeiro, Gb.
>
> ANO I   Março, 1965
>
> *Diretor Responsável* — Ênio Silveira
> *Secretário* — Roland Corbisier
>
> *Conselho de Redação* — Alex Viany — Álvaro Lins — Antônio Houaiss — Cid Silveira — Dias Gomes — Edison Carneiro — Ferreira Gullar — Haiti Moussatché — M. Cavalcanti Proença — Moacyr Felix — Moacyr Werneck de Castro — Nelson Lins e Barros — Nelson Werneck Sodré — Octavio Ianni — Paulo Francis — Oswaldo Gusmão.
>
> ☆
>
> *A matéria não assinada é de responsabilidade do Conselho de Redação.* ▪ *A Revista sòmente devolverá aos remetentes a matéria não solicitada quando a mesma fôr acompanhada de envelope selado.*

Fig. 14: *Revista Civilização Brasileira* nº 1, Conselho Editorial, p. 2.

Nelson Werneck Sodré, Octavio Ianni (sociólogo), Paulo Francis (jornalista) e Oswaldo Gusmão (economista).

No segundo ano da RCB, em 1966, aparecem apenas seus diretores: M. Cavalcanti Proença e Moacyr Félix, sendo que, no último bimestre, com a morte de Proença, a direção foi alterada. O diretor passaria a ser Moacyr Félix e o secretário Dias Gomes, ficando assim até o último número da RCB. Segundo Félix, isso se deve ao fato do Conselho ter sido reduzido aos três integrantes acima, devido à ausência constante dos demais membros nas reuniões[4].

Os autores mais publicados foram, além dos membros do Conselho de Redação, Otto Maria Carpeaux e, em seguida, Octavio

4. *Idem.*

Ianni. Isso não quer dizer que foi dada menor importância aos outros. Muito pelo contrário, intelectuais como Leandro Konder, Florestan Fernandes, Francisco de Oliveira, Antonio Callado, Barbosa Lima Sobrinho, Carlos Nelson Coutinho, Carlos Heitor Cony, Celso Furtado, Fernando de Azevedo, Luciano Martins, Mário da Silva Brito, Olga Werneck, Osny Duarte Pereira, Roberto Schwarz, como muitos outros tiveram papel determinante no debate de oposição às condições sociopolíticas impostas pelo novo regime no pós-64; inclusive autores internacionais como Lucien Goldman e Roger Garaudy.

A RCB foi criada, dentro da perspectiva de Ênio Silveira, como um espaço composto fundamentalmente de proposições anti-imperialistas e de luta por um socialismo aberto[5]. Podemos dizer que esta proposição teve reflexos na prática editorial. A questão de um "socialismo aberto" pode ser constatada pela publicação em editorial de uma edição especial da revista sobre a invasão da Tchecoslováquia pela URSS (União das Repúblicas Socialistas Soviéticas), ocorrida em agosto de 1968:

> A invasão da Tchecoslováquia mostrou que Stalin não morreu. [...]. É preciso estendê-la [a invasão] consequentemente ao sistema dos burocratas, que gerou e alimentou a deformação stalinista. Este sistema não foi ainda destruído; ao contrário, ele existe e é o utilizado pelos sobreviventes cúmplices do finado Marechal de Ferro para dirigir a vida social, política e cultural dos países socialistas[6].

A prática anti-imperialista também pode ser constatada no artigo "A Política Norte-americana e o Impasse do Café Solúvel",

---
5. Idem.
6. Ênio Silveira, "A Crise no Mundo Socialista", *Revista da Civilização Brasileira*, Rio de Janeiro, Civilização Brasileira, caderno especial nº 3, set. 1968, p. 13.

publicado na RCB, p. 87, vol. 18, de 1968, de autoria de William G. Tyler, então professor da Fundação Getúlio Vargas. Neste artigo o autor analisa as pressões do governo norte-americano para que o governo brasileiro criasse uma sobretaxa às exportações da nascente indústria de café solúvel brasileira. Com isso, os interesses desse setor nos EUA ficariam protegidos. O autor menciona que:

> Há muitas vantagens nesta estratégia adotada pelos Estados Unidos. Em primeiro lugar, atinge o propósito de proteger o produtor americano no mercado dos EUA. Em segundo, também protege os interesses de exportação dos produtores norte-americanos de café solúvel nos mercados mundiais – algo que uma tarifa não poderia fazer. Em terceiro, evita o ônus da condenação e da crítica internacionais, que resultariam de medidas protecionistas mais óbvias. Obscurecendo a questão, os EUA esperam evitar as acusações de protecionismo e de estar prejudicando os interesses dos países menos desenvolvidos[7].

A RCB apresentou-se, conforme seu idealizador Ênio Silveira, como um espaço para que intelectuais aprofundassem seus estudos e divulgassem análises detalhadas da complexa realidade brasileira. Os intelectuais teriam a tarefa de propagadores para a divulgação do debate de ideias pautado no princípio básico de "defesa da liberdade em sentido amplo"[8]. Assim como acreditava que a RCB devia estar inserida no processo da revolução brasileira acima

---

7. Uma passagem interessante deste artigo é: "A despeito da lógica aparentemente irrefutável do caso brasileiro para os brasileiros ('Afinal, se o Brasil não pode exportar café solúvel, o que vai exportar? Aviões a jato?')". É curioso perceber a perspectiva de industrialização que havia em 1968 e a industrialização de fato ocorrida. Mesmo que parcial, a industrialização brasileira foi bem-sucedida justamente na fabricação de aviões a jato, tanto que, quase vinte anos depois, em 1999, uma empresa nacional que fabrica este tipo de avião foi a empresa que maior valor exportou.
8. Ênio Silveira, "Princípios e Propósitos", *Revista Civilização Brasileira* nº 1, Rio de Janeiro, Civilização Brasileira, 1965, p. 3.

de "limitações partidárias ou de interpretações individualistas"; também defendia uma oposição à estrutura socioeconômica do Brasil da época, além de se contrapor abertamente às restrições de cunho político.

Os artigos na RCB eram apresentados em seções definidas tematicamente. Pode-se observar que no decorrer de sua existência e de forma crescente, diversos artigos não apresentavam autoria, assim como as seções deixavam de existir de forma sistematizada. Em 1967 a Lei de Imprensa foi instituída quando também entrou em vigor a nova Constituição. Por aquela lei:

> Mesmo que um jornalista tenha provas irrefutáveis de qualquer crime cometido por figuras do governo não poderá divulgar nada sobre o assunto, pois não se admite a prova da verdade quando se trata do Presidente da República, Ministros de Estado, presidentes do Senado e da Câmara, chefes de Estado ou governo estrangeiros e seus representantes diplomáticos, criando assim, artificialmente, uma casta acima de qualquer suspeita. Ainda por esta lei, o Ministro da Justiça pode determinar, a qualquer momento, a apreensão, independentemente de mandado judicial, de qualquer jornal ou revista que contenham propaganda de guerra, promovam incitamento à subversão da ordem política e social ou ofendam a moral pública e os bons costumes (artigos 61, 62 e 63)[9].

As apreensões de livros e as censuras feitas aos intelectuais que "subvertiam a ordem" e "ameaçavam" o desenvolvimento do país, para o regime, foram decisivas para que os elaboradores da revista não expusessem os nomes e alterassem um pouco a linha dos artigos publicados, como exemplificaremos a seguir. A apre-

---

9. Paolo Marconi, *A Censura Política na Imprensa Brasileira (1968-1978)*, São Paulo, Global, 1980, p. 33.

sentação da capa também é alterada utilizando policromatismo com o intuito de atrair mais atenção do público.

As mudanças constantes do processo histórico naqueles anos e a censura sistemática aos editores da RCB impediam que seus autores contemplassem os *fatos quentes*, os acontecimentos novos, comumente noticiados pela grande imprensa, na perspectiva da editora, questionando-os com profundidade. Entretanto, inúmeras vezes as notas de direção foram utilizadas como recurso para atualizarem tais informações. Assim, as mudanças estruturais e administrativas do periódico, tais como a retirada dos nomes dos membros do Conselho de Redação foram estratégias para que o veículo permanecesse com sua linha coerente à proposta original. Algumas vezes para adequar-se às regras do jogo autoritário, em outros momentos para rever a atuação da esquerda no governo João Goulart. Ou ainda, segundo Ênio Silveira:

> [...] o que houve foi que a revista teve que enfrentar, ao longo de sua existência, não pequenos perigos. Então lançamos mão de uma máxima de Bertold Brecht: "Há pelo menos cinco maneiras de se dizer a verdade". Ou seja, a revista foi se adaptando em termos de linguagem para conseguir escapar à repressão. Primeiro, nós nos orgulhamos de jamais termos submetido um só texto à censura. Nunca foi apreendida. Vários outros livros da editora foram, mas a Revista não[10].

O volume 9/10 (1966) da RCB, comparado ao volume 18 (1968), ratifica essa visão do editor. No primeiro destes há pelo menos três textos que proclamam a vitória futura do socialismo sobre o capitalismo. Em "A Revolução Brasileira de Caio Prado Júnior",

---

10. Ênio Silveira em entrevista concedida a Vieira (Luiz Renato Vieira, *Consagrados e Malditos: Os Intelectuais e a Editora Civilização Brasileira*, Brasília, Thesaurus, 1998, p. 104).

César Malta aponta que o autor "considera que a meta do povo e de todo sistema capitalista é o socialismo. Realmente o socialismo virá e ninguém, nem mesmo, e especialmente, a Igreja Católica, não mais alimenta qualquer dúvida a respeito". Em "Uma Filosofia Centrada Sobre o Homem", Jan Gorski afirma que "o socialismo é superior ao capitalismo não porque ele esteja livre de toda a alienação, mas porque ele proporciona condições melhores para a eliminação consciente dela". E, em "A Importância dos Diálogos de Salzburg e da Baviera Entre Cristãos e Marxistas", Arthur José Poerner questionou:

> Não dando a Igreja mostra de padecer, no seu todo, de alguns dos efeitos enumerados, por que iria ela, uma vez admitida a hipótese da inexorabilidade da marcha do mundo para o socialismo, arcar com o ônus de desgaste político de uma posição contrária a uma tendência mundialmente reconhecida?

No segundo momento, no número 18 da revista, isto não acontece. Há a publicação de análises, mas sem as características proclamadoras anteriores. A título de exemplo o texto "Geografia e Estrutura da Indústria Contemporânea", de Ignácio Rangel, analisa que:

> Em 1967 – menos de um quartel de século depois do fim do conflito – a produção industrial do mundo seria mais de cinco vezes maior que a de 1938; mais ainda que a produção industrial do atual mundo socialista, que havia experimentado as maiores destruições, seria mais de dez vezes maior.

Mesmo que em poucas páginas um artigo (com média de aproximadamente catorze páginas) não tivesse condições de aprofundar muito um tema, as matérias da RCB tinham o papel de contextualizá-lo criticamente, mostrando ainda como e por que estava em pauta. O debate emergia para os leitores da revista

Fig. 15: *Revista Civilização Brasileira* nº 9-10.

através das questões sociais colocadas criticamente. Para o regime era dessa maneira que a publicação o ameaçava – ideologicamente. A repressão da polícia política será realizada com base nessa perspectiva de um pretenso "perigo" disseminado pelos escritores. Há uma declaração do coronel Gerson de Pina, uma das vezes que Ênio foi preso, sobre tal "ameaça", em que afirma: "uma editora é uma arma perigosíssima, que você arma silenciosa e constantemente. Por isso é que você (diga-se Ênio) foi preso. Você (Ênio) é mais perigoso que um sujeito que está assaltando um banco"[11].

Além das ameaças ao editor, a editora sofreu também dificuldades econômicas. A partir de 1964 houve restrição ao crédito bancário que era importante para editora, uma vez que ela não contava com capital de giro suficiente para as importações de papel. A solução encontrada para este problema foi a venda antecipada de edições com desconto, o que acabou por reduzir o lucro e, consequentemente, sua capacidade de investimento.

Entretanto, as tentativas de resistência do grupo da RCB ocorreram. Mesmo diante das constantes pressões do autoritarismo, da usurpação pelo poder estatal das liberdades políticas, a presença política e cultural da esquerda não foi liquidada no momento pré-AI-5. Mas vale lembrar, conforme Roberto Schwarz, que em 1964 fora possível a direita preservar a produção cultural, pois para ela bastara ter liquidado o contato da esquerda com a massa operária e camponesa. No entanto, esta produção cultural de esquerda estava vinculada aos grupos diretamente ligados à produção ideológica, tais como os estudantes, artistas, jornalistas, sociólogos etc. A revista foi um tipo

---

11. Depoimento do editor em Jerusa Ferreira (org.), *Ênio Silveira*, São Paulo, Com-Arte/ Edusp, 1992, p. 94. Editando o Editor 3.

Livros e Subversão

de produção para consumo próprio (da classe), pois as publicações para o grande público dependiam das veiculações dos grandes meios de comunicação. Nas palavras do autor, haviam sido "cortadas naquela ocasião as pontes entre o movimento cultural e as massas,...[mas] não [se] impediu a circulação teórica ou artística do ideário esquerdista, que embora em área restrita floresceu extraordinariamente"[12]. Nesse ínterim, que durou até 1968, uma nova massa surgira capaz de se organizar: os estudantes; pois a intelectualidade de esquerda havia respaldado o movimento no interior da pequena-burguesia, com seus estudos, críticas, publicações etc., para a construção de uma "geração anticapitalista". A *Revista Civilização Brasileira* teria um papel empreendedor, de luta, defendendo e difundindo, neste debate, o anti-imperialismo e o socialismo.

Entre os registros existentes no Dops sobre Ênio Silveira destacamos aquele sobre um Inquérito Policial Militar (IPM) noticiado no *Jornal do Brasil*, de 21.12.1967. A matéria de título "Marinha Examina IPM" denuncia como "subversivos" os seguintes intelectuais: Alceu Amorosa Lima, Álvaro Lins, Carlos Heitor Cony e Ênio Silveira, além de afirmar:

A 2ª Auditoria da Marinha recebeu, ontem, os autos do IPM que apurou atividades subversivas nos meios intelectuais do País, figurando como principais indiciados os escritores Alceu Amoroso Lima (Tristão de Athayde), Álvaro Lins e Carlos Heitor Cony e o editor Ênio Silveira.

Ontem mesmo o Juiz-Auditor Fernando Nogueira deu vista dos autos ao promotor João Vieira do Nascimento para que se manifeste sobre a matéria, que se compõe de um único volume. Foi encarregado do IPM o inspetor da

---

12. Roberto Schwarz, *O Pai de Família e Outros Estudos*, Rio de Janeiro, Paz e Terra, 1978, p. 63.

Revista Civilização Brasileira: *Resistência Cultural à Ditadura*

Polícia Federal, Joaquim Cândido da Costa Sena, e autorizado pelo Delegado-Adjunto do DFP de São Paulo, Sr. Mário Dias.

OUTROS INDICIADOS [...]

O editor Ênio Silveira, segundo o relatório do encarregado do IPM, "editou o livro *Invasão da América Latina*, de Jonh Gerassi (*best-seller* nos Estados Unidos), de cuja apresentação cuidou, sendo na ocasião criticadas as Forças Armadas do País. O livro, segundo as informações, representa um ataque frontal contra a Revolução de 1964, pois além de condenar as ideias anticomunistas do movimento, elogia os líderes pelegos comunistas (Brizola e outros), também extremando-se no seu texto na parte correspondente ao Brasil, em verdadeiro libelo acusatório de tudo que se fez no País contra o comunismo[13].

Em maio de 1968 Ênio Silveira é considerado pela polícia política como "aliado do PCB". Um ano depois a editora teve centenas de obras apreendidas.

A RCB existiu entre 1965-1968, divulgando propostas e artigos produzidos sob o impacto dos acontecimentos, mantendo-se numa linha de oposição política em relação à Ditadura, contando com uma tiragem de até quarenta mil exemplares[14]. A RCB foi proibida de circular em 1968, com o AI-5, e a partir daí a editora sofreu sucessivos processos judiciais.

13. Fundo Polícia Política: Dops/RJ, *Jornal do Brasil*, Rio de Janeiro, de 21 dez. 1967.
14. A publicação de cem mil exemplares dos *Cadernos do Povo Brasileiro*, da Editora Civilização Brasileira, e dos quarenta mil da RCB, devia-se também as várias técnicas de editoração e de *marketing* utilizadas pela editora, com base no aprendizado de Ênio nos EUA, durante os anos de 1946 e 1948. Podem ser apresentados alguns exemplos destas técnicas de *marketing* e editoração usadas na RCB, como a colocação dos principais assuntos na capa da revista com títulos que instigavam a leitura do artigo, e a veiculação de anúncios na RCB de outras publicações da editora, apresentadas na contracapa e em algumas páginas no interior da revista.

Alguns artigos não publicados na época foram utilizados, a partir de 1978, quando a revista voltou a ser publicada, mantendo a mesma perspectiva crítica, sob o título *Encontros com a Civilização Brasileira*. A mudança de nome da revista, segundo seu editor Ênio Silveira, era uma referência aos encontros que ocorriam para a escolha dos artigos a serem publicados na época da RCB, principalmente, porque a partir deles foram organizados debates culturais para estender a discussão das temáticas abordadas. Como exemplo, a realização de simpósios sobre Literatura, Censura, Política e Arte, Música Popular Brasileira, Teatro etc., no Rio de Janeiro[15]. Isso permitiu que esses intelectuais progressistas tivessem um espaço de debate nesses encontros. Embora a partir do processo de abertura política, segundo Ênio Silveira, as pessoas aos poucos tenham deixando de comparecer a tais encontros. A revista teve seu fim em 1982. Desta forma, a revista *Encontros* não só os representava como incentivava esse ambiente cultural. Apesar da publicação da *Encontros* ainda reunir, no novo quadro político de fins dos anos 1970, intelectuais debatedores das questões políticas e culturais do país, essa revista foi uma das últimas iniciativas coletivas da editora sob administração de Ênio Silveira. Além de perder alguns autores, em princípios dos anos 1980 – como Nelson Werneck Sodré para as Edições Graal e Dalton Trevisan para a Record –, a editora não teve mais capital para continuar funcionando como antes, o que se acentuou gradativamente durante a década de 1980.

A proposta de análise da *Revista Civilização Brasileira* na pesquisa aqui apresentada é de qualificar o papel político e cultural de oposição e resistência do editor Ênio Silveira expressado em uma de suas publicações. Ainda nesta tentativa será abordado como a

---

15. Ferreira, *op. cit.*, pp. 88-89.

RCB foi analisada por outros autores. Não se perderá de vista o fato de que seu papel pode ser identificado no quadro da "hegemonia cultural da esquerda", defendida por Schwarz, como ação de um setor progressista daquele momento político. Pela exposição feita até este momento, sabe-se que o grupo não apresentava ideias e posições políticas homogêneas, como também não defendia as orientações de um partido, especificamente o Partido Comunista Brasileiro, do qual muitos articulistas eram membros[16]. Pode-se indicar que era um grupo de resistência, de oposição à ditadura civil-militar, representante dos movimentos populares, ou, ainda, dos interesses sociais mais amplos, conforme pode ser observado na sua abordagem temática, em que se destacavam temas como reforma agrária, eleições e luta contra o imperialismo.

No entanto, alguns estudos divergiram sobre o papel da revista, como destacamos em autores como: Carlos Guilherme Mota, Daniel Pécaut, Luiz Renato Vieira, Isabel Alencar e René Marc.

Carlos Guilherme Mota, em 1977, buscou compreender a ideologia da cultura brasileira e a definição de consciência nacional fazendo um panorama da intelectualidade brasileira de 1933 a 1974. Sugeriu a análise do *pensamento progressista* na produção cultural brasileira, no qual a *esquerda intelectual* precisava, a seu ver, se autoavaliar durante a ditadura militar.

Dando ênfase ao percurso da *Revista Civilização Brasileira*, no capítulo intitulado "A Época de Revisões Radicais e Aberturas Teóricas (1965-1969)" de seu livro *A Ideologia da Cultura Brasileira*, Mota dividiu a produção da RCB em dois momentos. O primeiro, de 1965 a 1966, vinculado ao passado populista, caracterizado

---

16. Alguns nomes: Astrojildo Pereira, Leandro Konder, Dias Gomes, Carlos Nelson Coutinho, Ferreira Goulart, Alex Viany, Caio Prado Júnior, Osny Duarte Pereira, Fernando Peixoto, Edison Carneiro e Geir Campos.

segundo o autor pelo "debate anti-imperialista, pela aliança entre burguesia nacional, setores progressistas e trabalhadores e pela discussão dos grandes temas nacionais". O segundo momento, de 1967 a 1968, contemplaria uma discussão sobre estratégias políticas, admitindo uma crescente influência da perspectiva sociológica dada pelos intelectuais paulistas.

Carlos Guilherme Mota ao propor a análise de alguns dos "dilemas do pensamento progressista" entre 1965 e 1969 direcionou seu estudo para um quadro das concepções que problematizaram a cultura brasileira. Dentre as cinco[17] abordagens sugeridas, há uma sobre a *Revista Civilização Brasileira* na qual esta é entendida como a expressão de uma certa radicalização. O autor ponderou a radicalidade política do papel da revista devido à presença do Estado autoritário que marcou a restrição do debate mais aberto. E acrescentou que o destaque dado à RCB devia-se ao fato de ter ocupado um espaço no debate da oposição como "uma das publicações 'cultas' de maior difusão na história da imprensa periódica".

Para o autor a primeira fase da RCB (1965-66) tinha um "tom irônico e panfletário", já que os autores estavam ainda no "clima emocional pós-64, não tendo assim condições e nem instrumental teórico para diagnosticar as mudanças estruturais" em curso pelos militares. Havia para Carlos Guilherme Mota um "esquematismo" da produção intelectual na elaboração dos textos "dentro dos marcos da defesa dos interesses nacionais, contra a dependência

---

17. "Ferreira Gullar: Vanguarda e Subdesenvolvimento; Dante Moreira Leite e a Superação das Ideologias: Diálogo com um Intérprete; Vanguarda e Conformismo, Segundo Roberto Schwarz e Antonio Candido: Da Literatura e da Consciência Nacional; Análise de uma Proposta para uma História da Cultura no Brasil" (Carlos Guilherme Mota, *A Ideologia da Cultura Brasileira,* Rio de Janeiro, 34, 2008, p. 204).

econômica e política externa e pela defesa das liberdades civis", o que teria comprometido, a seu ver, o papel das esquerdas em 1964. A partir de 1967 a RCB teria mudado de perspectiva já apresentando artigos de análise científica e sociológica e um debate político e cultural com "rumos mais concretos", ou ainda, um crescente debate sobre a "estratégia política mais adequada aos processos emergentes, como a questão da luta armada e da via política".

Para justificar suas hipóteses o autor utilizou alguns artigos e analisou a presença de determinados autores como indicadores de mudança de linha da RCB. Neste caso, Carlos Guilherme Mota entendeu que em 1967 teria mudado a orientação da RCB pela presença de autores paulistas como Marialice Forachi, Leôncio Martins Rodrigues, Octavio Ianni, Florestan Fernandes, Francisco Weffort e Fernando Henrique Cardoso, que representariam, a seu ver,

[...] uma nova frente de intelectuais que, um pouco diversamente da orientação de Ênio Silveira, Manoel Cavalcanti Proença, Nelson Werneck Sodré e outros, não teve uma ligação tão profunda com o populismo, surgindo assim, em condições de analisar mais eficazmente o presente.

Entretanto, Moacyr Félix, importante elaborador da revista, rejeitou essa interpretação de Carlos Guilherme Mota em artigo publicado no jornal *O Pasquim*[18]. Justificou que não era possível fazer essa divisão na produção da revista porque "o eixo coordenador, organizador e definidor da revista [...] foi quase que o mesmo até seu último nº 22". Moacyr Félix insistiu na dissolução do Conselho de Redação: "[dissolvemos o conselho] exatamente

---

18. Moacyr Félix, "Ideologia da Cultura Brasileira", *O Pasquim*, ano 9, nº 435, Rio de Janeiro, p. 5, 28.10 a 4.11.1977.

para que a revista ficasse mais dinâmica e, sobretudo, tivesse mais maleabilidade para o aproveitamento de textos e sugestões as mais diversas". E conclui que fica "um pouco destorcido falar em mudanças de rumos, já que em números anteriores pode-se perceber a semente ou a intenção, a continuidade, do que se faria aproveitável em números posteriores"[19].

A RCB sofreu alterações de abordagem ou de seus temas, ao longo de sua existência, até mesmo para manter-se em circulação. Na mesma linha da crítica de Moacyr Félix a Carlos Guilherme Mota em relação a uma possível mudança na RCB por causa da presença de determinados autores, Félix argumenta que Marialice Alves Forachi escreveu dois artigos, Leôncio Martins Rodrigues apenas um, Octavio Ianni apresenta o maior número entre eles, com sete artigos, Florestan Fernandes tem três, Fernando Henrique Cardoso, apenas um, e Francisco Weffort dois. No total, escreveram dezesseis artigos entre 1966 e 1968. Se for considerado que a RCB apresentou um total de 413 artigos, neste mesmo período, fica inviável pensar em uma mudança significativa na revista sob esse ponto de vista. E mesmo que seus artigos tivessem uma repercussão predominante, a própria dinâmica diversificada da revista mostra que os acontecimentos e a conjuntura política é que de fato estavam no centro das discussões da RCB. O seu enfoque continuou sendo a ampliação do debate, com artigos de base nacionalista e de ideias socialistas, vindos de toda parte do país e do exterior. No entanto, a análise da repercussão do conteúdo da RCB exigiria uma outra abordagem e se afastaria da proposta desta pesquisa.

Ainda nesse sentido, Daniel Pécaut defendeu, em "O Intervalo de 1964-68. Bloqueios Estruturais e Hegemonia da Esquerda Inte-

19. Félix, *op. cit.*, p. 7.

lectual", capítulo de seu livro *Os Intelectuais e a Política no Brasil*, que a *Revista Civilização Brasileira* apresentou paulistas e cariocas com diferentes abordagens teóricas. Com o objetivo de resgatar o debate intelectual nacionalista, o autor observou que a revista teria espaço para a discussão devido à diversificação de seus artigos, apresentados tanto por autores que seguiram para o exílio quanto por aqueles que ficaram no país.

Pécaut identificou, a partir dos integrantes efetivos do Conselho de Redação da revista, a permanência, pelo menos nos momentos iniciais, da linha teórica do campo nacionalista e das campanhas nacionalistas. Esta identificação é reforçada pelo autor através da presença de seus colaboradores, como Roland Corbisier, chamando atenção para seu passado isebiano[20], e membros do PCB, como Assis Tavares. Apesar dessas presenças, Pécaut reconheceu que a revista queria oferecer uma tribuna a todas as tendências de esquerda e que em 1966 ela abriu amplo espaço para os sociólogos paulistas que nunca aderiram ao nacional-populismo, mas que não marcariam um corte na RCB, como afirmou Carlos Guilherme Mota.

Para Pécaut a revista apresentou um importante papel ao proporcionar um espaço aberto a diferentes setores da esquerda intelectual, reconhecendo-a como uma das expressões políticas do polo carioca. Como também de ser um espaço de denúncia do terrorismo cultural que os intelectuais perseguidos pela ditadura sofreram.

Acompanhando sua análise sobre as esquerdas, o autor definiu o grupo da *Revista Civilização Brasileira* como uma "esquerda

---

20. Membros do Instituto Superior de Estudos Brasileiros (Iseb) criado em 1955. Para mais informações ver Caio Navarro Toledo, *Iseb: Fábrica de Ideologias*, São Paulo, Ática, 1982.

possibilista", diferente daquela que se contrapunha ao regime militar pela força, através da luta armada. A RCB, para o autor, pode ser entendida como uma tentativa de autonomia dos intelectuais frente ao enfraquecimento da esquerda diante da nova conjuntura política e aos impedimentos da liberdade de expressão.

Segundo Daniel Pécaut, a fase pós-64 representou a culminância de um processo intelectual, questionando se a "hegemonia cultural"[21] mantida pela esquerda, em pleno período de um regime de força, revelaria a continuidade de uma cultura política anterior a 1964. Constatou que nos anos de 1964-69 houve uma grande efervescência cultural que teve como um de seus pilares ideológicos uma espécie de "nacionalismo revisitado", ou seja, uma nova leitura, mais "aberta", em relação ao discurso intelectual da geração de 1954-64 (representada pelo Iseb). O autor considerou que, para a geração pós-golpe de 1964, não se trataria mais de "forjar" uma nação (como, segundo ele, teria sido a proposição político-cultural das gerações anteriores de intelectuais brasileiros[22]). Para aqueles intelectuais, a nação já estava constituída, e chegava a ser uma garantia da unidade nacional. Portanto, o período entre 1964 e 1968 representou a expansão de uma postura de "hegemonia cultural" por parte de um amplo setor, que valorizou o cinema, a música, o teatro, a literatura, a crítica e as artes plásticas.

---

21. Pécaut se baseia na noção de hegemonia cultural, de Roberto Schwarz, que defende uma "relativa hegemonia cultural" da esquerda na década de 1960, apesar da ditadura de direita no país (Roberto Schwarz, *O Pai de Família e Outros Estudos*, Rio de Janeiro, Paz e Terra, 1978, p. 62).
22. Tânia Regina de Luca, *A Revista do Brasil: Um Diagnóstico para a (N)ação*, São Paulo, Edusp, 1999. O trabalho de Tânia de Luca apresenta um exemplo dessa posição da intelectualidade brasileira como construtora da ideia de nação na década de 1920, quando o grupo em torno da *Revista do Brasil* constrói uma consciência nacional que dada exclusivamente aos paulistas os atributos da nacionalidade.

Se, por um lado, houve uma "hegemonia cultural" de esquerda, como defendeu Pécaut se apropriando da definição de Schwarcz, representada por uma classe média politicamente engajada e revolucionária, por outro suas ideias não repercutiram significativamente para outros setores sociais "subalternizados" da sociedade (na hierarquia capitalista) e tampouco foi suficiente para garantir a mudança efetiva do cenário político, como mostrou Schwarz nesse mesmo artigo sobre o papel das artes pretensamente revolucionárias naqueles anos. Esta questão está baseada numa concepção do papel do intelectual datada naquele momento histórico na qual a mudança dependeria da função social do intelectual em relação aos setores que ainda não teriam representação política, ou não teriam meios de fazer-se atuante politicamente. Uma sugestão para o avanço desta análise seria confrontar o papel dos intelectuais e do Estado autoritário, dando ênfase à produção da própria RCB.

Luiz Renato Vieira, em seu livro *Consagrados e Malditos: Os Intelectuais e a Editora Civilização Brasileira*, ao discutir a ideia da legitimação no interior do campo intelectual baseou-se no conceito de campo formulado por Pierre Bourdieu. Para este, cada campo[23] tem uma lógica interna, com sua própria estrutura e sua própria lei, desenvolvendo inclusive uma linguagem própria. Segundo Vieira o grupo da revista:

> [...] se articula em torno de certas concepções em uma conjuntura política dada apesar das divergências ideológicas particulares. Acima das divergências e disputas intelectuais [há] o acordo em torno de regras fundamentais que regem o funcionamento daquele espaço de relações sociais [...][24].

---

23. Pierre Bourdieu, *Razões Práticas: Sobre a Teoria da Ação*, Campinas, Papirus, 1996.
24. Luiz Renato Vieira, *op. cit*, p. 21.

A análise do autor pautou-se pelo conflito vigente no novo quadro político, após o golpe de Estado, que ameaçou a legitimação da posição política da intelectualidade. Para o autor, ao mesmo tempo em que o campo intelectual vislumbrou a possibilidade de retornar à sua posição na esfera política, deparou-se com a constatação do prolongamento da ditadura. Em suas palavras:

> [...] as alterações ocorridas no campo político, nesse caso, geram um aprofundamento nos padrões de legitimidade do campo intelectual. É evidente que essa autonomia é relativa e que depende diretamente do interesse político do Estado em permitir um certo nível de oposição intelectual[25].

A intelectualidade "progressista" da época tomou a posição de contestação ao poder militar afirmando sua condição de intelectual crítico e nacionalista. Opondo-se assim ao "polo negativo na escala de legitimação intelectual", que são os identificados com o poder estabelecido, os vitoriosos antinacionalistas do golpe. Para Vieira as limitações impostas pelo Estado denunciaram um "campo intelectual [...] subordinado ao campo político, que impõe limites, critérios e condições para o seu funcionamento". O autor chama atenção para o fato do grupo não ser uniforme e, principalmente, suas ideias não terem repercutido em todos os setores de esquerda. A *Revista Civilização Brasileira* reuniu pessoas com diferentes concepções e filiações político-partidárias e uma diversidade de percepções sobre a realidade brasileira. O autor mostrou, através da análise de artigos da RCB e da análise da trajetória do editor, essa diversidade e buscou entender as possibilidades de atuação do editor, levando em conta as relações sociais que delinearam seu campo intelectual. Em suas palavras, a RCB apresentava:

25. *Idem*, p. 148.

[...] setores dispostos a questionar profundamente as estratégias políticas fundadas num certo entendimento sobre as massas no Brasil (e a suposta conveniência de uma ampla política de alianças com setores burgueses nacionais) e intelectuais ainda vinculados à perspectiva nacional-desenvolvimentista, que procuram identificar os benefícios do desenvolvimento "acima" dos interesses de classe[26].

Para Vieira, a editora teria um papel de patrocinadora de importantes publicações, produtora de uma revista de grande influência, centro de articulação de muitos intelectuais cariocas e impulsionadora de um significativo e diversificado movimento político-cultural. A RCB é entendida, assim, por todos os seus estudiosos, como um espaço aberto para o debate político, econômico, cultural e filosófico num momento de contestação do grupo que está no poder.

Além do trabalho de Vieira existem ainda quatro dissertações que abordaram especificamente a Editora Civilização Brasileira e/ou a *Revista Civilização Brasileira*. São elas: *Revista Civilização Brasileira (1965-1968): Projeto Cultural em Revista*, de Isabel Cristina Alencar de Azevedo (Mestrado em Letras, UFRJ, 1999); *A Cidadania em Revista: Intelectualidade, Política e a Questão Racial na RCB*, de René Marc da Costa Silva (Mestrado em História, UNB, 1993); *Revolução, Nacionalismo e Democracia na RCB*, de Paulo Rubens Christofaro (Mestrado em História, PUC/SP, 1996) e *A Época de Ouro dos Intelectuais Vermelhos: Uma Análise Comparativa das Revistas Tempo Brasileiro e Civilização Brasileira*, de Luiz Eduardo Pereira da Motta (Mestrado em Sociologia, UFRJ, 1994).

A dissertação de Isabel Azevedo, defendida em agosto de 1999, teve como objetivo analisar a Seção de Cultura da RCB (literatura, música, cinema, teatro, arte), buscando também sistematizar sua estrutura física. A autora direcionou a primeira parte do estudo para a análise

26. Luiz Renato Vieira, *op. cit.*, p. 39.

da formação da RCB. Apresentou a criação da revista como um "novo espaço para o debate político e cultural em que o aglutinador dos intelectuais de esquerda não era apenas a luta pelo retorno da democracia, mas uma real intenção de que este debate se realizasse".

Para a autora, a revista influenciou na formação do pensamento de esquerda no Brasil e deu ao seu público o "primeiro contato com as ideias de intelectuais marxistas, na época, desconhecidos no Brasil". E acrescenta que a RCB foi também um lugar de "revisão dos caminhos de uma identidade nacional pensada sobre bases nacionalistas".

Na realidade a propagação das ideias de novos autores marxistas não se restringiu à revista, sendo uma intenção da própria editora, que pode ser exemplificada pelas publicações de vários livros, tais como: *Os Marxistas e a Arte*, de Leandro Konder; *Marxismo do Século XX*, de Roger Garaudy; *Marxismo e Teoria da Literatura*, de György Lukács, entre outros.

As seções de Literatura e Problemas Culturais e Filosóficos da RCB, coordenadas por Nelson Werneck Sodré, foram analisadas detidamente por Isabel Azevedo. Neste trabalho destacou a divulgação dos textos literários que valorizavam principalmente os autores nacionais no campo da crítica, da prosa e da poesia e que apresentavam diversas opiniões, reafirmando, portanto, o projeto da RCB como fundado em "bases nacionalistas, de defesa de valores democráticos e engajados nas transformações sociais". A autora ressaltou os textos filosóficos por constituírem, segundo ela, um projeto da revista, pois a referida seção representaria o "principal canal de veiculação do projeto de ideologização traçado na arquitetura da linha editorial da Revista"[27].

---

27. Isabel Cristina Alencar de Azevedo, *Revista Civilização Brasileira (1965-1968): Projeto Cultural em Revista*, dissertação de Mestrado em Letras, Departamento de Letras, UFRJ, 1999, p. 65.

Isabel Azevedo entende o propósito dos artigos das seções analisadas como reveladores de um "projeto de construção da identidade nacional", ratificando, a seu ver, os anseios das forças progressistas anteriores ao golpe. O fato da autora identificar um setor da RCB com a construção de identidades nacionais compromete, a nosso ver, sua análise inicial, que identificou na linha da revista uma perspectiva de revisão do nacionalismo, afastada da tentativa de criação de uma nação. A nosso ver a RCB não se identificava com um projeto de construção de identidades nacionais, mas com o debate das políticas empreendidas pelo governo brasileiro. Isabel Azevedo, dessa forma, também se opõe à análise de Pécaut, que atribuiu aos intelectuais desse momento uma outra discussão sobre o *nacional*, já não preocupados em consolidar uma ideia de nação, mas de reconhecer a inviabilidade de entenderem a si próprios como construtores de identidades nacionais, ou seja, estariam mais identificados como questionadores das vias nacionais de desenvolvimento da sociedade.

No que diz respeito ao crescimento nacional, a tese de René Marc apresentou uma tentativa de análise do discurso da intelectualidade de esquerda da RCB com vistas a identificar a abrangência dos seus projetos para a sociedade brasileira. Com este objetivo, analisou como foi tratada a questão racial brasileira na RCB partindo de uma "perspectiva cidadã que fosse capaz de contemplar os anseios de liberdade da população negra oprimida". Para tanto, optou pela análise dos artigos sobre política nacional. Antes, porém, apresentou o contexto político de 1946 a 1964, chamando a atenção para o período que antecede ao golpe. Defendeu que o pensamento político da esquerda brasileira naquele momento estava atrelado à ideologia burguesa do nacional-desenvolvimentismo.

O autor identifica os intelectuais da RCB como aqueles ainda "agarrados a velhas concepções" anteriores ao golpe. E ainda, que o pensamento social brasileiro estava no momento pós-64 articulado e organizado no interior da ideologia nacional-desenvolvimentista, fundadas no Iseb, entendido como o referencial orientador e promotor dos projetos de alternativas políticas na década de 1960. Segundo o autor o grupo da RCB não escaparia dessa característica.

É interessante notar que René não foi o único que aprofundou uma análise do nacional-desenvolvimentismo para fundamentar seu argumento da permanência do pensamento isebiano na intelectualidade brasileira daquele momento. Mas, em nossa opinião, o autor desconsiderou a diversidade da expressão intelectual, que entendemos ter sido valorizada na Editora Civilização Brasileira. Rene chegou até a caracterizar a RCB como expressão de um pensamento coeso, constituindo-se numa verdadeira "unidade", presente nos artigos da RCB. Ao contrário desta visão e na mesma linha de Leandro Konder, a respeito da diversidade expressa na RCB, contestamos essa ideia de um pensamento uniforme. Segundo este autor:

> Havia [na Editora Civilização Brasileira] um certo ecletismo controlado, porque na verdade ele [Ênio Silveira] estava orquestrando o encontro de exigências diferentes, de proveniências diferentes, marcas diferentes, de esquerda diferentes, desde o Partidão até pessoas que eram críticas em relação ao Partidão, em outras posições, outras propostas[28].

Face a esta concepção recolocamos nosso entendimento sobre o espaço da RCB como constituído por setores múltiplos de oposição que lutavam contra a ditadura civil-militar. Nesse caso as análises de Luiz Renato Vieira e Isabel Azevedo se aproximam da nossa análise sobre o papel da revista. O primeiro procurando compreender as redes de relações sociais em torno da editora pôde identificar a ação política

---

28. Leandro Konder em entrevista concedida a Luiz Renato Vieira, *op. cit.*, p. 124.

coletiva na RCB e os limites de sua organização. A segunda através da sistematização da revista mostrou seu objetivo concreto de insistir no debate pela democracia. Embora a análise de Pécaut também considere a revista heterogênea, sua perspectiva de análise sobre o nacionalismo paulista e carioca tendeu a marcar o papel da RCB como o debate de um setor carioca de esquerda. A nosso ver, o papel da RCB se dava na tentativa de organização de uma frente de oposição ao golpe, de caráter plural, integrando nacionalistas e socialistas.

A repercussão da RCB restringiu-se a determinado público. Como o próprio Moacyr Félix afirmou, em entrevista ao jornal *O Pasquim* em 1977, a revista foi uma publicação "de cunho acadêmico, mas fora da Universidade"[29]. Ou seja, o grande público não teve nas mãos a RCB, mas esteve na pauta do debate traçado pela revista. A RCB custava três vezes mais que os *Cadernos do Povo Brasileiro*[30] e era vendida em livrarias, bancas de jornal e através de reembolso postal; apresentava um estilo, um formato e tipos de artigos específicos e direcionados para uma parcela da sociedade. Se por um lado esse público limitou-se a uma parcela mais específica da sociedade brasileira, por outro foi nessa mesma condição de classe, que agrupou empresários, classes médias, partidos, universitários, secundaristas, que ampliou a frente de oposição ao regime autoritário. Nesse caso vale lembrar que alguns acontecimentos como a Marcha dos Cem Mil, em 1968, foi representada principalmente por esses setores.

Desta maneira, não podemos desconsiderar que a criação e as escolhas editoriais da RCB pretendiam dar continuidade a um trabalho que promovesse a reflexão e o debate, mesmo que não

---

29. Moacyr Félix, *op. cit.*, p. 7.
30. A coleção foi proibida de circular pela repressão. Seu formato e apresentação de temas sociais eram menos aprofundados e visava suscitar o debate para um público mais amplo.

estivesse direcionada a um público mais amplo, como fora o caso dos *Cadernos do Povo Brasileiro*. Mas, justamente, ao tentar continuar a série dos *Cadernos*, tentava-se dar continuidade, dentro das possibilidades ainda encontradas, a um projeto político que crescentemente sofreu restrições.

A atuação da oposição ao regime, no período estudado, tinha como tese central a luta contra o imperialismo. Em contraposição, portanto, às propaladas exigências políticas econômicas, imbuídas da ideia da inevitabilidade, pelas vias econômicas, do país estar inserido no processo de modernização e desenvolvimento na ordem do capital. Nesse perspectiva, os regimes autoritários foram longamente justificados por "salvarem" ou "preservarem" a ordem capitalista, ainda assim como "remédios amargos", "métodos desagradáveis" que teriam, na visão liberal, sido inevitáveis. Com base em Quartim de Moraes[31], podemos constatar que a democracia "como forma política do progresso social e do interesse coletivo" ficou limitada ao entendimento burguês da liberdade econômica que "constitui, para a ordem dominante, a mais sólida garantia das liberdades políticas e dos direitos cidadãos". Entretanto, a *Revista Civilização Brasileira* como projeto editorial propunha justamente criticar as condições de desenvolvimento do capitalismo brasileiro sob a ditadura civil-militar.

---

31. João Quartim Moraes, "Liberalismo e Fascismo, Convergências", *Crítica Marxista*, nº 8, São Paulo, 1999, p. 30.

5
Uma Edição Perigosa: A Publicação de *O Estado e a Revolução*, de Lenin, às Vésperas do AI-5

*Sandra Reimão, Flamarion Maués
e João Elias Nery*

> *Hoje não tem dança
> Não tem mais menina de trança
> Nem cheiro de lança no ar
> Hoje não tem frevo
> Tem gente que passa com medo
> E na praça ninguém para cantar*
>
> EDU LOBO, *No Cordão da Saideira*, 1966.

Este texto apresenta os resultados de uma pesquisa que buscou reconstruir alguns aspectos relevantes da publicação do livro *O Estado e a Revolução*, de Lenin, pela Diálogo Livraria e Editora, de Niterói (Rio de Janeiro), em outubro de 1968. O trabalho utilizou como fontes material bibliográfico, jornais de época e entrevistas com Aníbal Bragança, sócio-gerente e editor da Diálogo.

UM LIVRO SUBVERSIVO

Na introdução ao texto de Lenin na edição da Diálogo, José Nilo Tavares aponta *O Estado e a Revolução*, junto com o *Manifesto do Partido Comunista*, como "as obras mais conhecidas e divulgadas da literatura marxista em todo o mundo", e salienta que tal fato se dá por serem, ambas, "obras-primas de concisão e síntese, escritas em momentos decisivos da história da humanidade". Publicado em 1848, o *Manifesto do Partido Comunista* é onde Marx e Engels apresentam o "programa sistemático do socialismo", enquanto em *O Estado e a Revolução*, escrito em 1917 e publicado em 1918, Lenin "expõe a doutrina marxista do Estado"[1].

Localizamos uma primeira edição brasileira de *O Estado e a Revolução*, em 1934, pela Gráfico-Editora Unitas, de São Paulo[2]. Em 1946, esse texto de Lenin foi publicado pela Editorial Vitória, do Rio de Janeiro, editora vinculada ao Partido Comunista do Brasil, que reeditou a obra em 1961; em 1950, foi editada pela Editora Guairá, de São Paulo; e, em 1955, foi publicada, mais uma vez, agora no volume 2 das *Obras Escolhidas* de Lenin, pela Editorial Vitória. A publicação de *O Estado e a Revolução*, de Lenin, pela editora Diálogo, de Niterói, em 1968, foi, portanto, a quinta edição desta obra no Brasil[3].

Em 1977, já nas fases finais da ditadura militar brasileira, a Secretaria de Segurança Pública do Estado do Rio de Janeiro publicou a obra intitulada *Segurança Nacional e Subversão (Dicionário Teórico e Prático)*, de autoria do delegado de polícia Zonildo Castello

---

1. José Nilo Tavares, "Introdução", em Lenin, *O Estado e a Revolução. O Conceito Marxista do Poder*, Niterói, Diálogo Livraria e Editora, 1968, p. 9.
2. Sobre a Unitas ver: Dainis Karepovs. "A Gráfico-Editora Unitas e seu Projeto Editorial de Difusão do Marxismo no Brasil nos anos 1930", em Marisa Midori Deaecto & Jean-Yves Mollier (orgs.), *Edição e Revolução: Leituras Comunistas no Brasil e na França*, Belo Horizonte/São Paulo, UFMG/Ateliê, 2013, pp. 65-119.
3. Após da edição da Diálogo em 1968, somente dez anos depois haveria uma nova edição da obra no Brasil, realizada pela editora Hucitec, de São Paulo, em 1978. Posteriormente, houve edições pelas editoras paulistas Alfa-Ômega (1980, incluída no volume 2 das *Obras Escolhidas de Lenin*), Instituto José Luís e Rosa Sundermann (2005), Expressão Popular (2007) e Centauro (2007).

Uma Edição Perigosa: A Publicação de O Estado e a Revolução...

Branco. A publicação visava facilitar "o trabalho dos policiais em exercício na Polícia Política – Autoridades e Agentes", por ser uma "publicação para pronta consulta, cuidando de Segurança Nacional, Informações, Operações e Subversão"[4]. No dicionário, o livro *O Estado e a Revolução* é apresentado como uma obra em que Lenin, "desenvolvera as ideias de Marx sobre o destino do Estado, após a vitória do proletariado". Acrescentando que "para Lenin, no período de transição – a necessária e inevitável ditadura do proletariado – o Estado iria enfraquecendo-se até a extinção"[5].

O livro aparece também mencionado em processos no Superior Tribunal Militar contra pessoas e organizações consideradas subversivas após 1964[6]. E também consta da lista de livros apreendidos pela Delegacia de Ordem Política e Social do Rio de Janeiro (Dops/RJ), um dos órgãos responsáveis pela vigilância e repressão política no Estado[7].

No livro *As Universidades e o Regime Militar*, Rodrigo Patto Sá Motta analisa as razões para as ações repressivas em relação aos livros censurados, proibidos ou apreendidos pelo regime. Para ele é

---

4. Zonildo Castello Branco, *Segurança Nacional e Subversão (Dicionário Teórico e Prático)*, Rio de Janeiro, Secretaria de Segurança Pública do Estado do Rio de Janeiro, 1977.
5. *Idem,* p. 224.
6. Por exemplo, no Processo nº 576/68-C da Segunda Auditoria da Marinha, contra militantes da Ação Popular; no famoso IPM nº 709, contra o PCB; e no Auto de Busca e Apreensão contra Artur Jader da Cunha Neves (*Brasil Nunca Mais Digital*, consulta em outubro de 2014. Disponível em: <http://bnm-acervo.mpf.mp.br/>).
7. Luciana Lombardo Costa Pereira, *A Lista Negra dos Livros Vermelhos: Uma Análise Etnográfica dos Livros Apreendidos pela Polícia Política no Rio de Janeiro*, Rio de Janeiro, 2010. Programa de Pós-Graduação em Antropologia Social, Museu Nacional, Universidade Federal do Rio de Janeiro, Rio de Janeiro, 2010, p. 226. Tese de Doutorado em Antropologia Social.

Livros e Subversão

Interessante observar que os livros da esquerda internacional proibidos tinham teor revolucionário, eram quase chamamentos à ação, enquanto não há textos de Marx na lista, provavelmente para não caracterizar ataque à liberdade de pensamento. E para não dizer que visavam apenas à esquerda, o livro de Hitler também estava na lista (*Mein Kampf*)[8].

As ações visavam, no campo da literatura de oposição, aquelas obras consideradas capazes de mobilizar jovens e grupos políticos identificados com posicionamentos políticos claramente em conflito com o Estado. A trajetória da obra *O Estado e a Revolução* se dá no Brasil em períodos de menor vigilância dos aparelhos repressivos, notadamente no período democrático pós-Estado Novo, quando a maioria das edições foi oferecida ao público. Há, porém, na decisão da Diálogo de publicar a obra, um claro posicionamento como editora de oposição, atuando no período pós-golpe de 1964, anterior ao AI-5 e à consequente mudança de procedimentos da ditadura quanto à circulação das ideias de oposição. Tais procedimentos, como demonstra Rodrigo Patto Sá Motta, incluíam ações que visavam retirar determinados livros de circulação. De acordo com este autor, "os expurgos de livros não se limitavam às residências particulares, atingiam também bibliotecas de instituições públicas, mas foram principalmente afetados os estoques de livrarias e editoras"[9]. Como veremos, o processo de perseguição à edição do livro *O Estado e a Revolução* contra a Diálogo Livraria e Editora em 1968 foi um pouco distinto desse padrão, pois, em função da rápida distribuição e venda dos exemplares da obra,

---

8. Rodrigo Patto Sá Motta, *As Universidades e o Regime Militar*. Rio de Janeiro, Jorge Zahar, 2014, p. 221.
9. *Idem*, p. 27.

a mesma não chegou a ser apreendida pelas autoridades, nem tampouco foi alvo de censura oficial. Mas seus editores foram pressionados e presos em função da publicação.

A LIVRARIA E EDITORA DIÁLOGO

O Livreiro e Editor Aníbal Bragança

A história da Diálogo Livraria e Editora, que publicou *O Estado e a Revolução* em outubro de 1968, se relaciona à atividade livreira de Aníbal Bragança, português (Santa Maria da Feira, distrito de Aveiro, 1944[10]) que chegou ao Brasil aos doze anos de idade, instalando-se com a família em Niterói, então capital do Estado do Rio de Janeiro. Desde a sua chegada trabalhou e estudou, e aos 21 anos já era gerente de uma agência do Banco Cordeiro em Nova Friburgo. O trabalho no banco e a admiração pelo economista Celso Furtado o levaram a optar pelo curso de Economia na então Universidade Federal do Estado do Rio de Janeiro (Uferj), hoje Universidade Federal Fluminense (UFF), para o qual prestou vestibular em 1965. Bragança recorda que:

> Nesse período, que era 1964, 1965, existia a figura de Celso Furtado e da Sudene [Superintendência para o Desenvolvimento do Nordeste], quase que dando aos economistas uma dimensão de redentores do país com o planejamento econômico, planejamento que poderia fazer a transformação social[11].

10. "Conversa literária com Aníbal Bragança na Academia Niteroiense de Letras". Página eletrônica *Focus Portal Cultural II*, 22.4.2013. Disponível em: <http://focusportalcultural.blogspot.com.br/2013/04/conversa-literaria-com-anibal-braganca.html>.
11. "Entrevista com o Historiador Aníbal Bragança", *Revista Tema Livre* (eletrônica), ano VI, edição nº 12, Niterói, Rio de Janeiro, 25.4.2007. Disponível em: <http://www.revistatemalivre.com/anibal12.html>.

Livros e Subversão

Sua vocação livreira já estava presente nesta época:

Acho que o meu interesse em ter uma livraria estava muito relacionado ao meu curso científico no Liceu Nilo Peçanha, aqui em Niterói, que tem em frente a ele a Biblioteca Pública Estadual. Eu ia para a biblioteca estudar, fazer pesquisas e achava admirável os bibliotecários com todos aqueles livros, então, em algum momento, eu tive a vontade de ser bibliotecário ou livreiro. Deste modo, quando eu entrei para a Universidade, com esse objetivo e encantamento com a economia, eu já tinha o "vírus" de livraria[12].

Foi como gerente de banco que Aníbal conheceu Víctor Alegria, um livreiro português proprietário da Encontro S.A. Livraria, Discoteca e Galeria de Arte, que tinha sede no Rio de Janeiro e uma filial em Brasília[13]. A afinidade entre os dois portugueses levou a que Bragança se tornasse, em 1965, sócio da empresa – que já tinha na ocasião outros sócios e colaboradores, como Joaquim da Costa Pereira da Silva e Davide Mota, também vindos de Portugal[14].

Dessa parceria surgiu a Livraria Encontro, em Niterói, inaugurada em março de 1966[15] e instalada na rua Tiradentes, 71, esquina com a rua Visconde de Moraes, no Ingá, então um bairro universitário. Na inauguração houve o lançamento do livro *Poemas*

---

12. *Idem.*
13. Entrevista de Aníbal Bragança sobre a Diálogo – Livraria e Editora, Ltda., concedida a Sandra Reimão, Flamarion Maués e João Elias Nery, por email, em 23/9/2014. Quando não houver outra indicação, as falas de Aníbal Bragança foram extraídas desta entrevista.
14. Aníbal Bragança, "Ave, Cesar! Viva, Cesar!", em César de Araujo, *Um Sol Maior que o Sol*, Brasília, Thesaurus, 2006, pp. 13-21. Disponível em: <http://www.almadepoeta.com/cesardearaujo1.htm>.
15. Aníbal Bragança, "Depoimento – Sobre a Livraria e a Ditadura para Sofia Bragança Peres". Texto inédito.

Uma Edição Perigosa: A Publicação de O Estado e a Revolução...

e Canções, de Bertolt Brecht, com a presença do tradutor, Geir Campos. "A livraria contava também com um pequeno espaço onde se realizavam exposições de arte e se organizavam cursos e palestras", além de promover, em parcerias, a exibição de filmes de arte nos finais de semana, lembra Bragança[16].

No entanto, a sociedade entre Bragança e Víctor Alegria chegou ao fim, amigavelmente, em 1967. Bragança reconhece que "a influência de Victor Alegria, com seu sonho de construir livrarias como centros de cultura e espaços de sociabilidades intelectuais", o motivou fortemente em seus planos como livreiro[17].

Outra referência importante para Bragança foi Ênio Silveira, proprietário da Editora Civilização Brasileira, a mais atuante editora de esquerda do Brasil nos anos 1960. "Ênio sempre foi uma referência para o meu trabalho como livreiro e editor. Era um homem que pensava o Brasil e que personificava o engajamento na luta pela cultura do país", afirma ele[18].

Assim, após o fim da sociedade com Victor Alegria, Bragança deu continuidade à Livraria Encontro, transformando-a, em outubro de 1967, em Diálogo – Livraria e Editora, Ltda., que, além de Bragança, tinha como sócios principais Renato Silva Berba, técnico em contabilidade e amigo desde os tempos de ginásio[19], e Carlos Alberto Jorge, aluno da Faculdade de Direito da Uferj/UFF e seu colega no Banco Cordeiro.

---

16. Aníbal Bragança, "Ave, Cesar! Viva, Cesar!", *op. cit.*
17. *Idem, ibidem*.
18. Guilherme Freitas, "Terror Cultural", *O Globo*, Caderno Prosa, Rio de Janeiro, p. 6, 22.3.2014.
19. "Para complementar as necessidades básicas de capital, conseguimos a adesão, como sócios, de Lédio Luiz Maia, médico ortopedista, amigo de Renato, e de Wagner Miranda Cardoso, antigo professor deste e de Aníbal no Colégio Nilo Peçanha" (Aníbal Bragança, "Ave, Cesar! Viva, Cesar!", *op. cit*).

Fig. 16: Aníbal Bragança em 1977.

Newton Rezende os presenteou com a criação da logomarca da Diálogo (ver Fig. 17). Bragança afirma que o nome da livraria e editora, "além de expressar uma aliança entre cristãos e marxistas no enfrentamento da ditadura, fazia parte de um *slogan* da Editora Paz e Terra, 'uma editora a serviço do encontro e do diálogo'"[20], denotando a já mencionada influência de Ênio Silveira, que era também um dos proprietários da Paz e Terra, nessa época.

Fig. 17: Logomarca criada por Newton Rezende para a Diálogo Livraria e Editora.

Em sua trajetória de livreiro, editor e pesquisador do livro e da edição, Aníbal Bragança tem Niterói como *locus* de um percurso de imigrante que criou raízes naquela cidade e fez dela seu espaço de trabalho no mundo editorial e acadêmico.

20. Aníbal Bragança, "Ave, Cesar! Viva, Cesar!", *op. cit.*

Em sua dissertação de mestrado, posteriormente transformada em livro, Bragança aborda a trajetória de um imigrante italiano que foi livreiro e editor em Niterói, um pouco como sua própria trajetória de imigrante português enraizado naquela cidade. No texto de apresentação do livro *A Livraria Ideal: Do Cordel à Bibliofilia*, afirma-se:

> O autor procura registrar todo o microuniverso de consumidores e produtores de literatura, criado em torno da Livraria Ideal. A formação e as atividades do Grupo de Amigos do Livro e os passos mais importantes de seus principais personagens na vida cultural da cidade, trazem à tona movimentos que ficaram perdidos no tempo e que mostram os antigos anseios de uma vida cultural mais dinâmica, criativa e democrática na antiga capital fluminense[21].

Entendemos que o interesse do livreiro-editor-pesquisador pela vida cultural da cidade inspirou sua trajetória, e a Livraria Ideal, tomada como objeto de estudo acadêmico, relaciona-se com seu próprio percurso como livreiro e editor, por meio do qual buscou o diálogo com a cultura universitária e intelectual da cidade fluminense. Para ele "a expressão mais pujante da cultura letrada e oficial em Niterói, no ano de 1935, foi a inauguração da Biblioteca Universitária [...]. No mesmo prédio instalaram-se, também, o Arquivo do Estado e a Academia Fluminense de Letras"[22]. As livrarias, nesse ambiente cultural, cumpriam o papel de espaços para discussão de ideias e reunião de artistas e intelectuais. De acordo com Sorá, "Sem universidades suficientes, institutos, bibliotecas e

---

21. Sandra Reimão, "Momentos de um Percurso", em Aníbal Bragança, *A Livraria Ideal: Do Cordel à Bibliofilia*, São Paulo, Edusp/Com-Arte, 2009, p. 15.
22. Aníbal Bragança, *A Livraria Ideal: Do Cordel à Bibliofilia*, São Paulo, Edusp/Com--Arte, 2009, p. 48.

centros de promoção de projetos culturais, a livraria era um centro de reunião obrigatório para grupos intelectuais"[23].

Registre-se, também, que Niterói aparece na obra de Hallewell sobre a história do livro no Brasil[24] apenas pela menção a tipografias do século XIX e pela realização do 1º Seminário Nacional de Editoras Universitárias Brasileiras, em 1984. Editoras e livrarias da cidade não compõem tal história, o que ocorre, de diversas maneiras, na trajetória de pesquisa de Aníbal Bragança, que, dessa forma, insere a cidade e seus personagens, sendo ele mesmo um deles, na perspectiva dos estudos sobre o livro e o mercado editorial brasileiro[25].

A Edição de O Estado e a Revolução

Mas voltemos à Livraria e Editora Diálogo. Os planos para a nova casa livreira eram generosos e ambiciosos: "Acreditávamos no poder das palavras, das ideias e dos livros", lembra Bragança. Ele diz que a Diálogo visava "contribuir para a transformação cultural de Niterói e para a luta que se travava contra o regime autoritário"[26] e reuniu "núcleos informais de estudantes que participavam das atividades de combate à ditadura militar", pois:

> Antes do AI-5 havia uma crença de que seria possível redemocratizar o país e a área cultural foi muito ativa nas ações de denúncias sobre as arbitrariedades dos militares e nas lutas pela conscientização da sociedade contra o autoritarismo.

---

23. Gustavo Sorá, *Brasilianas: José Olympio e a Gênese do Mercado Editorial Brasileiro*, São Paulo, Edusp, 2010, p. 246.
24. Laurence Hallewell, *O Livro no Brasil (Sua História)*, São Paulo, Edusp, 2013.
25. Baseado em *A Livraria Ideal: Do Cordel à Bibliofilia*, Ubiratan Machado incluiu a livraria de Niterói entre as cem maiores livrarias do Brasil (Ubiratan Machado, *Pequeno Guia Histórico das Livrarias Brasileiras*, Cotia, SP, Ateliê Editorial, 2008).
26. Aníbal Bragança, "Ave, Cesar! Viva, Cesar!", *op. cit.*

Livros e Subversão

Bragança era nessa época diretor do Diretório Acadêmico Hermann Júnior, do curso de Economia, o que facilitou o seu contato com muitos estudantes da UFERJ/UFF e os estimulou a participar da livraria e editora[27], tornando-a um ponto de reunião e de discussão desses estudantes.

Para atingir os objetivos propostos pela Diálogo havia duas linhas de atuação. A primeira era a promoção de atividades culturais na livraria que representassem momentos de discussão e de reflexão crítica sobre a realidade brasileira. Bragança afirma que eram "ações culturais acentuadamente políticas, quer pelas pessoas convidadas quer pelos temas escolhidos". Tratava-se de exposições de artes, palestras, cineclube, encontros de música[28] etc. E, principalmente, de lançamentos de livros com a presença de autores ligados à luta contra o regime militar, como Leandro Konder, Barbosa Lima Sobrinho, Geir Campos, Fausto Wolff, Stanislaw Ponte Preta (Sérgio Porto), Rubem Braga e Fernando Sabino, entre outros[29].

A livraria virou uma referência cultural e política na cidade e cresceu. Logo surgiu uma filial na UFERJ/UFF, junto à Reitoria, que se chamava Livraria Universitária Fluminense Editora (LUFE)[30]. E depois os proprietários da Diálogo adquiriram a livraria Arte

---

27. Idem, ibidem.
28. Aníbal Bragança, "Depoimento...", *op. cit.*
29. "Entrevista com o Historiador Aníbal Bragança", *Revista Tema Livre*.
30. De acordo com matéria do jornal *O Fluminense*, o trabalho da Diálogo e da LUFE: "Atende à intelectualidade fluminense [...], promove a cultura em nossa Capital, pondo os nomes mais consagrados de nossas letras e artes em contato direto com o público através de noites de autógrafos e exposições, palestras, cursos, concursos de contos etc. Tanto fez que em tão pouco tempo que, ao comemorar a Livraria Diálogo o seu primeiro aniversário, a 15 de outubro último, a Assembleia Legislativa endereçou-lhe uma moção de congratulações" (Carlos Duarte, "Lenine Sai de Livro e Pode Fazer Reitor Cair", *O Fluminense*, Niterói, 8-9.12.1968).

Uma Edição Perigosa: A Publicação de O Estado e a Revolução...

e Ciência, também em Niterói. Assim, rapidamente a Diálogo constituiu uma pequena rede com três livrarias.

A segunda linha de atuação da Diálogo seria a edição, que desde as origens fazia parte das metas dos seus fundadores – que não por acaso haviam escolhido como razão social o nome Diálogo Livraria e Editora. E é aí que surge a edição de *O Estado e a Revolução*, de Lenin (ver Fig. 18), que analisamos neste artigo.

O primeiro projeto editorial da Diálogo foi publicar uma série de bolso com clássicos do pensamento marxista. Daí surgiu a coleção Biblioteca Universitária Diálogo (BUD)[31], que tinha como *slogan* a frase "Livros para o mundo atual". E o primeiro volume da coleção foi justamente *O Estado e a Revolução*, título que, na opinião de Bragança, naquele momento "poderia contribuir para os objetivos de fortalecer o combate à ditadura".

A edição desse livro e o projeto editorial caracterizam a Diálogo como *editora de oposição* e a inserem no mercado de livros de oposição ao regime militar, que ganhava espaço principalmente nos meios universitários, nos quais a juventude fazia circular ideias que estavam em conflito com o Estado.

Para a realização do trabalho de diagramação e supervisão gráfica do livro, Bragança contou com a colaboração de dois alunos da Uferj/UFF, Ari de Araújo Viana, de Ciências Sociais, e Francisco Jacques Moreira de Alvarenga, de História, que possuíam alguma experiência editorial. A tradução utilizada foi a de Regina Maria de Mello e Fausto Cupertino, cujos direitos foram cedidos pela Editorial Vitória. A impressão foi feita na gráfica da revista *O Cruzeiro*, no Rio de Janeiro.

---

31. De acordo com Bragança, o nome da coleção talvez tenha sido inspirado "na coleção criada e dirigida pelo editor Ênio Silveira, Biblioteca Universal Popular – BUP, do grupo da Civilização Brasileira, maior casa editorial da época, vítima de fortíssima repressão das autoridades militares" (Aníbal Bragança, "Ave, Cesar! Viva, Cesar!", *op. cit.*).

Fig. 18: Capa de Marius Lauritzen Bern para a edição de *O Estado e a Revolução* feita pela Diálogo em outubro de 1968.

A obra teve a "Introdução" feita pelo professor José Nilo Tavares, texto de contracapa de Otto Maria Carpeaux (ver Fig. 19) e capa de Marius Lauritzen Bern. Bragança relembra como se deram essas colaborações:

> O professor José Nilo Tavares era frequentador da Diálogo e um dos professores mais queridos da área de Ciência Política no curso de Ciências Sociais da UFF [Uferj] e sua escolha para fazer o prefácio do livro foi uma escolha "natural". Mais difícil foi procurar o crítico Otto Maria Carpeaux, então um dos intelectuais mais combativos na luta pela redemocratização, para fazer a apresentação do projeto editorial da coleção. Entretanto, feito o contato pessoal, ele foi extremamente simpático e acolhedor, não só fazendo um brevíssimo texto que foi publicado na quarta capa como comparecendo, juntamente com o professor José Nilo, na noite de lançamento do livro na Diálogo, autografando exemplares. Marius Lauritzen Bern era o capista da Civilização Brasileira mais apreciado no momento, tendo sido iniciado na Civilização pelo mestre Eugênio Hirsch. Foi também procurado pessoalmente [...] e aceitou fazer o trabalho profissionalmente, com muita competência.

O CONTEXTO POLÍTICO E A REPERCUSSÃO DA EDIÇÃO DA OBRA DE LENIN

O livro foi publicado em outubro de 1968, num momento de grande turbulência política. Nesse mês os embates entre estudantes e governo estavam se acentuando. No começo do mês ocorreu a chamada Batalha da Maria Antônia, quando estudantes da Faculdade de Filosofia, Ciências e Letras da USP entraram em conflito com grupos do CCC (Comando de Caça aos Comunistas) sediados na Universidade Mackenzie, no centro da cidade de São Paulo. Um estudante secundarista, José Guimarães, foi morto no embate e a

BIBLIOTECA UNIVERSITÁRIA DIÁLOGO
— BUD —

1

Traduzido do francês por
Regina Maria de Mello
e
Fausto Cupertino,
do texto contido na quarta edição do vigésimo quarto volume de *Oeuvres*, editado em Moscou, em 1959, que, por sua vez, foi feito de acôrdo com o texto da brochura publicada pela Editôra Kommounist, em 1919, confrontado com o manuscrito e a edição de 1918

capa de
Marius Lauritzen Bern

diagramação e supervisão gráfica de
Jacques Alvarenga e Ari de Araujo Viana

Direitos desta tradução adquiridos por

DIÁLOGO

LIVRARIA E EDITÔRA, LTDA.
Rua Tiradentes, 71 — loja 2 — Niterói
Estado do Rio de Janeiro — Brasil

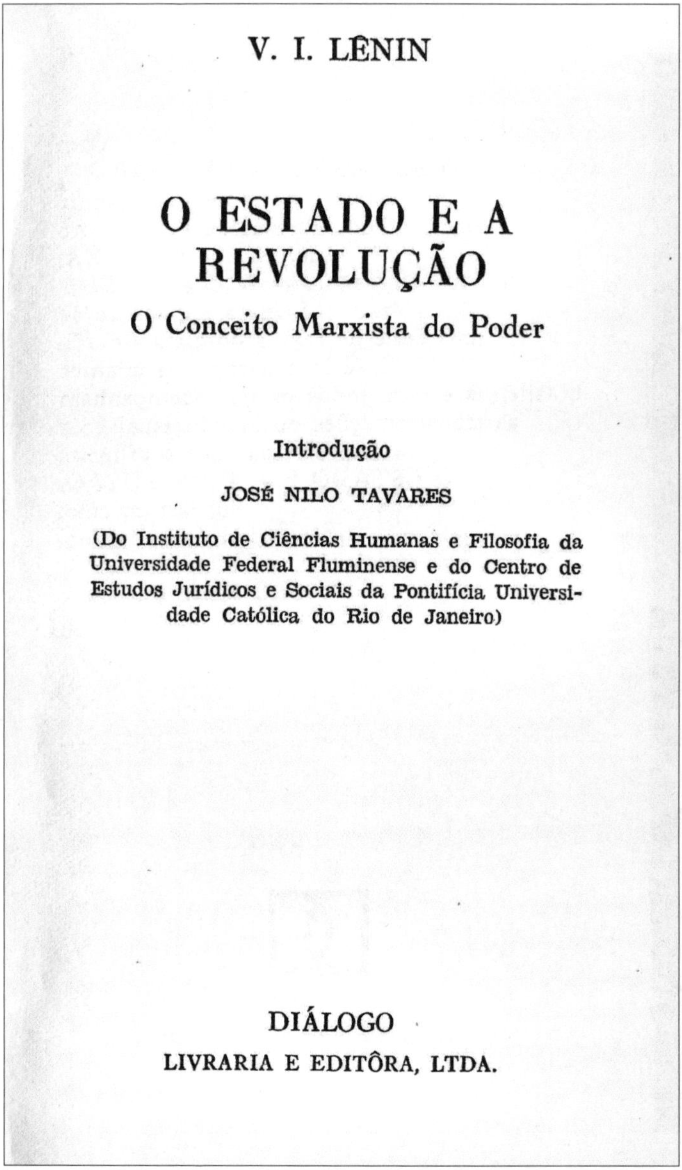

V. I. LÊNIN

O ESTADO E A REVOLUÇÃO
O Conceito Marxista do Poder

Introdução

JOSÉ NILO TAVARES

(Do Instituto de Ciências Humanas e Filosofia da Universidade Federal Fluminense e do Centro de Estudos Jurídicos e Sociais da Pontifícia Universidade Católica do Rio de Janeiro)

DIÁLOGO
LIVRARIA E EDITÔRA, LTDA.

Fig. 20: Páginas 2 e 3 de *O Estado e a Revolução*.

Com
O ESTADO E A REVOLUÇÃO,
de *V. I. Lênin*,
uma das obras-primas do pensamento
político do século XX,
a *Biblioteca Universitária Diálogo — BUD*
inicia a publicação de
uma série de textos do mais elevado
interêsse para os estudantes
brasileiros e para todos os que acompanham
as transformações do mundo atual e os
problemas que o afligem.
O ESTADO E A REVOLUÇÃO,
por isso mesmo,
é um livro atualíssimo.

Otto Maria Carpeaux

DIÁLOGO

livros para o mundo atual

Fig. 20: Quarta capa de *O Estado e a Revolução* com texto de Otto Maria Carpeaux.

sede da FFCL foi invadida e destruída. No dia 12 de outubro, foi reprimida a realização do 30º Congresso da União Nacional dos Estudantes (UNE), que se realizaria em Ibiúna, interior paulista, quando foram presos mais de setecentos estudantes.

Além disso, a pressão do governo para que o Congresso autorizasse a abertura de processo contra o deputado do MDB Márcio Moreira Alves por supostas ofensas às Forças Armadas tornava o ambiente político tenso e imprevisível.

O clima político no país se tornaria cada vez mais pesado, até o dia 13 de dezembro, quando foi decretado o Ato Institucional nº 5, que representou a suspensão de direitos políticos, de reunião e manifestação, resultando na intensificação da repressão aos setores que contestavam o regime militar.

É nesse quadro que se dá o lançamento de *O Estado e a Revolução*, em outubro, com um grande evento na Diálogo, em noite de autógrafos que contou com as presenças de Otto Maria Carpeaux e José Nilo Tavares, e à qual compareceram, entre outros, Gastão Neves, J. G. de Araújo Jorge, Carmen da Silva, Leon Eliachar e Mário Victor de Assis Pacheco. Houve ainda a inauguração da Galeria Diálogo, com uma exposição do artista Israel Pedrosa[32].

Bragança afirma que o "lançamento do livro deu à Diálogo uma visibilidade nacional"[33]. Confirmação disso é o fato de o *Jornal do Brasil*, na época um dos mais importantes jornais do país, ter noticiado duas vezes no seu Caderno B, em pequenas notas, o lançamento de *O Estado e a Revolução* pela Diálogo[34].

---

32. Aníbal Bragança, "Ave, Cesar! Viva, Cesar!", *op. cit.*
33. *Idem, ibidem*.
34. Ver coluna Panorama das Letras dos dias 20 de setembro de 1968 e 30 de outubro de 1968.

"A edição de 3 000 exemplares não foi suficiente para atender aos pedidos que chegaram de quase todo o Brasil", recorda Bragança[35]. Os principais distribuidores do livro foram as mesmas empresas que faziam a distribuição da Editora Civilização Brasileira, no Rio de Janeiro, São Paulo e Bahia, mostrando mais uma vez as proximidades entre a Diálogo e a editora de Ênio Silveira.

Um exemplo do sucesso de vendas foi o que ocorreu na Banca da Cultura, livraria que funcionava no Centro de Vivência do Crusp (Conjunto Residencial da Universidade de São Paulo), na Cidade Universitária, no bairro do Butantã, em São Paulo. De acordo com Fernando Mangarielo, que era um dos responsáveis pela Banca da Cultura, lá foram vendidos cerca de 1 500 exemplares da edição da obra de Lenin feita pela Diálogo, num período de 45 dias. Mangarielo, anos depois, seria o fundador da Editora Alfa-Ômega.

A Banca da Cultura tinha como público os alunos da USP que estudavam e moravam na Cidade Universitária. Além disso, ao lado funcionava o restaurante universitário (bandejão), o que contribuía para a reunião de um grande número de estudantes no local. Naquele ano de 1968, quando a participação política dos estudantes foi intensa na oposição ao regime instalado com o golpe de 1964, o Crusp tornou-se um dos principais centros do movimento estudantil em São Paulo, local frequentado por militantes e lideranças estudantis, e onde eram realizadas assembleias e reuniões. Por isso, o "Relatório do Inquérito Policial Militar sobre o Conjunto Residencial da Universidade de São Paulo 1968-1969", decorrente do Inquérito Policial Militar (IPM) instaurado após a invasão militar do Crusp em 17 de dezembro de 1968 (quatro

---

35. Aníbal Bragança, "Ave, Cesar! Viva, Cesar!", *op. cit.*

dias após a decretação do AI-5), afirmava que o Crusp era então o "grande centro subversivo de São Paulo".

É significativo que a edição de *O Estado e a Revolução* tenha despertado tamanho interesse junto a esse público, o que de certa forma confirma a ideia de Bragança de que a obra, naquele momento e naquela conjuntura política, "poderia contribuir para os objetivos de fortalecer o combate à ditadura". A venda de mais de um milhar de exemplares do livro naquele que era considerado, pela repressão, um verdadeiro *bunker* da subversão estudantil, parece confirmar que os estudantes do Crusp também viam a obra de Lenin dessa forma.

Repercussões na Imprensa

Mas a boa repercussão e o sucesso do livro tiveram também o seu lado negativo. Um jornal de Niterói acusou a editora de "importar toneladas de subversão" para a cidade. Bragança explica que a acusação era "baseada na nota fiscal da Gráfica O Cruzeiro, que imprimira o livro, 'analisada' quando passou na então existente barreira fiscal na estação das barcas de carga que faziam o transporte pesado entre Rio e Niterói, antes da construção da Ponte".

Agentes da polícia política da ditadura e grupos paramilitares como o CCC fizeram ameaças contra a Diálogo e mandaram pichar as paredes e portas da fachada da loja[36]. Uma matéria publicada no *Jornal do Brasil* em 1º de dezembro de 1968 mostra que a Diálogo estava sendo pressionada após o lançamento do livro de Lenin:

> O lançamento do livro causou mal-estar nos círculos militares e aumentou com a noite de autógrafos realizada na livraria Diálogo. [...] O deputado Bismarck de Sousa, da Arena, coronel reformado e ex-comandante da Polícia

---

36. *Idem.*

Livros e Subversão

Militar aproveitou a homenagem às vítimas de 35 para denunciar as livrarias [a Diálogo, a Lufe e a Arte e Ciência] como "células comunistas".

De acordo com o jornal, a LUFE poderia fechar em um mês "por pressão militar", e em seguida "desaparecerão as outras duas" livrarias[37].

O cerco à livraria continuou por meio da imprensa local. O principal jornal do antigo Estado do Rio de Janeiro, *O Fluminense*, publicou a seguinte manchete, no "Suplemento" de sua edição dos dias 8/9 dezembro de 1968, em referência à publicação de *O Estado e a Revolução* pela Diálogo: "Lenine Sai de Livro e Pode Fazer Reitor Cair". O reitor em questão era Manuel Barreto Neto, da Uferj/UFF, que havia cedido espaço junto à Reitoria para a instalação da Lufe. A matéria criticava a perseguição às livrarias Diálogo e Lufe e à edição de *O Estado e a Revolução*. De acordo com o autor do texto, o objetivo dessa perseguição era o afastamento do reitor, considerado "muito liberal" por certos setores político-militares[38], dos quais o deputado-coronel Bismarck de Sousa era representante.

Sobre a Lufe, Bragança lembra que:

> Essa pequena livraria se tornou um espaço de reuniões e encontros dos estudantes (nessa época, o prédio abrigava alguns cursos, como o de Ciências Sociais). Chamou a atenção da polícia política que começou a pressionar o reitor para acabar com a livraria que funcionava no espaço da universidade.

A Reitoria teria recebido uma "notificação militar para fechar a livraria, sob pena de ter controladas todas as suas atividades extracurriculares"[39].

---

37. "Livraria em Niterói Está Sob Ameaça", *Jornal do Brasil*, Rio de Janeiro, 1.12.1968, p. 19.
38. Cf. *O Fluminense*, edição de 8/9 dezembro 1968.
39. "Livraria em Niterói Está Sob Ameaça", *op. cit.*

Dois outros fatos mostram ainda a importância que os órgãos repressivos deram à publicação de *O Estado e a Revolução* em 1968. O primeiro é o fato de que a edição da Diálogo aparece na lista de livros apreendidos pela Delegacia de Ordem Política e Social do Rio de Janeiro (Dops/RJ), um dos órgãos responsáveis pela vigilância e repressão política no Estado[40]. O segundo se relaciona com a exposição, organizada pelo II Exército, em São Paulo, do "material subversivo apreendido no Crusp"[41]. Parte substancial dos artefatos subversivos era composta pelos livros apreendidos dos estudantes, entre os quais aparecia com destaque a obra de Lenin publicada em Niterói[42].

A Repressão sobre a Diálogo e a Prisão dos Editores

Poucos dias após a decretação do AI-5, em 13 de dezembro de 1968, a Diálogo foi saqueada e fechada pela polícia política. Bragança e seu sócio Renato Berba foram detidos. Bragança recorda o ocorrido:

> Ficamos cerca de uma semana presos na Delegacia de Ordem Política e Social (Dops) em Niterói, onde fomos submetidos a interrogatórios para saber de nossas ligações com grupos políticos de oposição ao regime ditatorial. Recebemos muitas ameaças, mas não fomos submetidos a torturas físicas.

Graças à mobilização de amigos e conhecidos de Niterói, a prisão durou apenas uma semana. "Como não tínhamos nenhum vínculo com organizações políticas, nunca chegamos a ter uma

---

40. Luciana Lombardo da Costa Pereira, *A Lista Negra dos Livros Vermelhos*, p. 226.
41. "Comandante da 2ª DI Inaugura Mostra de Material Subversivo". *Folha de S. Paulo*, 18.1.1969, p. 7.
42. "II Exército Exibe Material que Apreendeu na Ocupação do Crusp", *Folha de S. Paulo*, 22.12.1968, 1º Caderno, p. 8.

acusação formal de subversão. Mas a situação ficou muito difícil na vida pessoal e também na profissional", diz Bragança[43].

A situação à qual foram submetidos os editores da Diálogo faz parte das estratégias da ditadura no campo cultural, no qual agiu com repressão e ofertas de acordos visando a adesão. Segundo Motta

> Depoimentos de alguns professores presos em 1964 informam que a violência física foi limitada, e mais intensa a violência psicológica. [...] A situação iria mudar bastante depois de 1968, com o aumento da violência e o uso mais indiscriminado da tortura, que iria atingir também alguns professores universitários[44].

A prisão dos editores da Diálogo ocorre já sob o AI-5 e naquele cenário a violência contra a oposição à ditadura muda seu foco, porém se dá de diferentes maneiras, dependendo das relações que os perseguidos têm no campo cultural ou familiar e da gravidade das acusações, levando a ações que incluíam tortura física ou "apenas" psicológica, como as relatadas por Bragança. Como é possível observar pelo depoimento do editor da Diálogo, a vigilância da ditadura o submeteu a constrangimentos. As relações políticas e sociais evitaram tortura e outras ações, além das que houve, como prisão e ameaças, bem como o saque e fechamento da livraria durante o período da detenção dos sócios.

Quando ocorreu a prisão de Bragança e Berba, o segundo volume da Biblioteca Universitária Diálogo já estava definido e em tradução[45]. Seria a obra *Formações Econômicas Pré-capitalistas*, de

---

43. Aníbal Bragança, "Depoimento...", *op. cit.*
44. Rodrigo Patto Sá Motta, *op. cit.*, p. 29.
45. A tradução foi entregue a Ivan Mota Dias, também estudante da UFERJ/UFF, um dos desaparecidos políticos da ditadura militar brasileira.

Uma Edição Perigosa: A Publicação de O Estado e a Revolução...

Karl Marx, "que Maurice Godelier tinha recentemente publicado na França, com grande repercussão", destaca Bragança. Mas o livro não foi lançado, o que aconteceria apenas em 1977, pela Editora Paz e Terra.

Na verdade, o AI-5 e a repressão representaram o fim da editora engajada. A Diálogo realizou novas edições de livros didáticos e técnicos a partir de 1969, mas sem caráter político ou de intervenção, privilegiando a edição de obras de professores da cidade que eram também clientes da livraria[46]. Bragança avalia que:

> A situação brasileira, especialmente a ação da polícia política, afastou (por motivos vários) parte substancial da clientela da livraria, que teve ainda um crescimento de 1969 a 1971, quando abriu duas filiais, mas suas bases financeiras ficaram frágeis, levando à crise que resultou na venda da livraria para novos proprietários que não tiveram interesse em continuar o perfil "cultural" da empresa.

PERCURSOS DE UM LIVRO SUBVERSIVO

Editado desde os anos 1930 no Brasil, o livro *O Estado e a Revolução*, de Lenin, um dos clássicos do pensamento socialista e comunista, sempre esteve associado, no Brasil, à subversão, na medida em que o comunismo sempre foi visto, pelos poderes constituídos do país, como uma ameaça às instituições vigentes. Principalmente a partir da derrota do levante militar de esquerda de 1935, liderado pela Aliança Nacional Libertadora, o comunismo

---

46. Os livros editados foram: *Inglês*, de Adilson Novaes Motta; *Biologia Molecular*, de Roberto Santos Almeida; *Origem da Vida, Ecologia e Evolução*, de Roberto Santos Almeida e Alvaro Antonio Vianna Ferreira; e *Caderno de Encargos*, do Departamento de Engenharia da Secretaria de Obras do Estado do Rio de Janeiro (entrevista de Aníbal Bragança sobre a Diálogo, *op. cit.*).

transformou-se em anátema contra todos aqueles que o defendiam ou simpatizavam com ele – ou que eram tachados dessa forma por seus adversários para estigmatizá-los.

O caráter subversivo do livro – de acordo com a ótica da polícia política da ditadura –, por sua vez, fica patente em pelo menos três fatos que expusemos: a presença da obra como parte das evidências incriminadoras em processos no STM contra militantes e organizações de esquerda; sua menção na lista de livros apreendidos pelo Dops/RJ; e sua exposição como parte do "material subversivo" apreendido pelo Exército no Crusp.

Assim, a edição da obra pela Diálogo, em 1968, pouco antes do fechamento do regime com o AI-5, representava uma contraposição direta ao pensamento e às ideias políticas do governo militar. Não era uma edição qualquer, mas sim uma edição com intenção política de se contrapor ao poder vigente – pois expunha a ideia de um novo modo de organizar a sociedade e o Estado, ou seja, trazia implícita a proposta de derrubar uma forma de governo em favor de outra. E em parte era isso mesmo que os editores visavam, como explicitou Bragança ao afirmar que a edição de *O Estado e a Revolução* naquele momento "poderia contribuir para os objetivos de fortalecer o combate à ditadura".

Por outro lado, as pressões e perseguições sofridas pela Diálogo e seus proprietários após o lançamento do livro, que levaram ao fim de sua linha de edições políticas e, como também afirmou Bragança, ao fim da editora engajada, não se materializaram em ações oficiais de censura à obra. De acordo com os levantamentos conhecidos de livros censurados após o golpe de 1964[47], *O Estado e*

---

47. Sandra Reimão, *Repressão e Resistência: Censura a Livros na Ditadura Militar*, São Paulo, Edusp/Fapesp, 2011, p. 20. Ver também: Deonísio da Silva, *Nos Bastidores da Censura: Sexualidade, Literatura e Repressão pós-64*, São Paulo, Estação Liberdade, 1989.

a Revolução não foi oficialmente proibido de circular em nenhum momento. O que houve, como vimos, foram ações de intimidação e perseguição à obra e àqueles que a promovessem, ou seja, não se tratava de ações de censura em termos formais, mas de fato foram tomadas medidas por setores vinculados ao regime militar para impedir ou dificultar a edição e circulação da obra. Podemos dizer que foi um livro perseguido – assim como seus editores –, mas não censurado oficialmente.

Em relação à atuação de Aníbal Bragança e de seus sócios na Diálogo, Renato Silva Berba e Carlos Alberto Jorge, consideramos que a iniciativa de publicar a obra de Lenin como primeiro título da editora no contexto político de 1968 parece claramente relacionada com o que podemos chamar de edição de livros como militância política.

6

"Quem Muda o Mundo São as Pessoas" – A Banca da Cultura do Crusp

Sandra Reimão, Flamarion Maués, João Elias Nery

> *Qualquer canção de bem*
> *Algum mistério tem*
> *É o grão, é o germe, é o gen da chama*
>
> CHICO BUARQUE, *Qualquer Canção*,
> álbum *Vida*, 1980.

A Banca da Cultura foi fundada em fevereiro de 1967 e manteve-se em funcionamento no Conjunto Residencial da Universidade de São Paulo (Crusp) até 17 de dezembro de 1968, quando tropas do II Exército invadiram, esvaziaram e ocuparam o Conjunto. A Banca da Cultura era um setor do departamento cultural da Associação Universitária Rafael Kauan (Aurk), associação dos estudantes residentes do Crusp, fundada em 1967, e assim denominada em homenagem ao líder estudantil cruspiano, falecido em 1963. Além de livros, a Banca comercializava jornais, revista e cartazes. Diversos estudantes desempenharam as funções administrativas da Banca.

Esse texto busca reconstruir a história da Banca da Cultura a partir de duas perspectivas: *1.* a do Relatório do Inquérito Policial Militar instaurado após a invasão, e *2.* a de Fernando Mangarielo,

Livros e Subversão

seu último livreiro. Ambos ressaltam a importância da circulação dos livros naquele momento.

*****

A Banca da Cultura funcionava no prédio do Centro de Vivência do Conjunto Residencial da Universidade de São Paulo (Crusp); era uma livraria que também comercializava jornais, revistas e cartazes. A Banca da Cultura, fundada em fevereiro de 1967, manteve-se em funcionamento até 17 de dezembro de 1968, quando tropas do II Exército invadiram, esvaziaram e ocuparam o Crusp. O Crusp era, naquele momento, um importante centro do movimento estudantil na cidade de São Paulo.

SOBRE A CIDADE UNIVERSITÁRIA E O CRUSP

Em 25 de janeiro de 1934 Armando de Salles Oliveira, interventor federal atuando como governador do Estado de São Paulo, assinou o decreto de fundação da Universidade de São Paulo. Este ato inicia a concretização de uma ideia gestada desde os anos 1920 por um grupo de jornalistas, políticos e intelectuais, agregados em torno do jornal *O Estado de S. Paulo*. Este grupo acreditava que a partir do "imperialismo benéfico de São Paulo"[1] seria possível articular um projeto de regeneração política da nacionalidade brasileira. Era a ideia da Comunhão Paulista – construir um projeto político renovador para o país a partir do Estado de São Paulo.

Era fundamental para a Comunhão Paulista pensar um sistema universitário para formar elites e para recuperar a hegemonia

---

1. Júlio de Mesquita filho *apud* Irene R. Cardoso, *A Universidade da Comunhão Paulista*, São Paulo, Autores Associados/Cortez, 1982, p. 39.

do Estado de São Paulo, abalada pela Revolução de 1930 e, mais tarde, também pela Revolução Constitucionalista de 1932, também chamada de Guerra Paulista.

Citando Irene Cardoso em *A Universidade da Comunhão Paulista*:

> A Comunhão paulista é o "grupo" capaz de "decidir os destinos da nacionalidade", depositário da razão e portador de hegemonia. [...] A Universidade tem a função primordial, dentro deste projeto, de ser a instituição que irá produzir esta elite depositária da razão, destinada a conduzir a nacionalidade[2].

A USP inicia-se agregando escolas superiores já existentes, destacadamente a Faculdade de Direito, fundada em 1827, a Escola Politécnica, de 1893, a Escola Agrícola Prática de Piracicaba (atual Escola Superior de Agricultura Luiz de Queiroz), de 1901, e a Faculdade de Medicina, de 1912.

O mesmo ato de fundação da USP também institui a Faculdade de Filosofia, Ciências e Letras (FFCL), para articular e vincular as diversas escolas por meio de cátedras comuns. A FFCL, além dos cursos de filosofia e letras, abrigava as cátedras que deram origem aos cursos de física, matemática, química e ciências biológicas.

O grupo liderado por Júlio de Mesquita Filho e Fernando de Azevedo, que concebeu e redigiu o projeto USP, pensou a universidade como uma estrutura eminentemente orgânica. As ideias de Rui Barbosa fundamentam a forma de pensar de Júlio de Mesquita Filho sobre a necessidade de articulação das várias escolas: "a ideia de universidade [...] deve ser a tradução da síntese do saber, ligadas entre si as partes integrantes de cada uma das instituições de que ela há de se compor", de modo que assim

---

2. Irene R. Cardoso, *A Universidade da Comunhão Paulista*, op. cit., p. 92.

"constituam um todo harmônico animado do mesmo espírito e tendendo ao mesmo fim"[3].

A ideia de uma cidade universitária para facilitar a articulação entre as escolas e a formação de uma base comum é um tema que já aparecera em 1935, quando o governador Armando de Salles Oliveira nomeou uma comissão para "escolher o local para a concentração de toda a Universidade": foi escolhido o local onde hoje se localiza o *campus* Butantã – a então fazenda Butantã foi adquirida em 1941[4]. Em 1965 esse *campus* passou a se chamar Cidade Universitária Armando de Salles Oliveira.

As primeiras construções no novo *campus* foram do Instituto de Pesquisa Tecnológicas (IPT), na década de 1940, e do Departamento de Física, inaugurado em 1951. Na década de 1960 várias novas edificações foram realizadas, entre elas aquelas destinadas à residência de alunos.

Construído para abrigar os atletas estrangeiros que disputariam os IV Jogos Pan-Americanos, e, em seguida, se tornar residência estudantil, os primeiros blocos do Crusp ficaram prontos em 1963. Um projeto ousado, em concreto pré-fabricado com capacidade total para duas mil pessoas, concebido por Eduardo Knesse de Mello, Joel Ramalho Jr. e Sidney de Oliveira, o Crusp era, à época, uma grande inovação arquitetônica, pioneiro na utilização de elementos pré-fabricados em grande escala no país[5].

---

3. Rui Barbosa *apud* Irene R. Cardoso, *op. cit.*, p. 59.
4. Lidia Almeida Barros, "A Toponímia Oficial e Espontânea na Cidade Universitária – Campus Butantã da USP", *Revista USP*, nº 56, São Paulo, dez./fev. 2002-2003, p. 166.
5. Renata Santiago Ramos, "Alojamento Universitário como Lugar no Campus, Caso Crusp", I *Enamparq* (Encontro Nacional da Associação Nacional de Pesquisa e Pós--Graduação em Arquitetura e Urbanismo), 2010. *On line*: <http://www.anparq.org.br/dvd-enanparq/simposios/106/106-629-1-SP.pdf>. 2010, *on line*.

Terminadas as competições, como houvesse atraso para liberação dos prédios, estudantes invadiram inicialmente trinta apartamentos e, depois, alguns andares. Os estudantes eram liderados por Rafael Kauan, que faleceu alguns meses depois. A seguir, após a invasão, o Instituto de Saúde e Serviço Social da USP (Issu), passou a administrar o Crusp e a gerir sua ocupação.

Desde 1963 houve vários confrontos entre os cruspianos e o Issu. Entre eles, a "Greve do Fogão" em 1965, movimento dos moradores do Crusp contra a elevação do preço cobrado pelas refeições e pelo alojamento[6]. Em abril de 1967 os residentes fundam a Associação Universitária Rafael Kauan (Aurk).

Em 3 de outubro de 1968 ocorreu a chamada "Batalha da Maria Antônia" – ataque a estudantes e ao prédio da USP localizado na rua Maria Antônia número 294 por alunos da Universidade Mackenzie, que funcionava em frente, do outro lado da rua. Nesta batalha um estudante secundarista foi morto e dezenas feridos. Em artigo recente, Irene Cardoso ressalta que o enfrentamento foi entre estudantes, mas foi "organizado paramilitarmente pelo Comando de Caça aos Comunistas, o CCC", e acrescenta: "Houve omissão também da Secretaria de Segurança Pública do Estado de São Paulo e das autoridades universitárias mais altas na hierarquia institucional"[7].

Depois da batalha e da invasão policial que depredou as instalações da Maria Antônia que abrigavam cursos da Faculdade de Filosofia, Ciências e Letras da USP desde 1949 (antes disso, a FFCL funcionou em um casarão na esquina da Alameda Glete com rua

---

6. Crusp68– Memórias, Sonhos e Reflexões. 2008. *On line:* <http://www.ebooksbrasil.org/crusp/Crusp68.html>.
7. Irene Cardoso. "Passado e Presente Desfocados", *O Estado de S. Paulo*, 6 de outubro de 2013, p. E7.

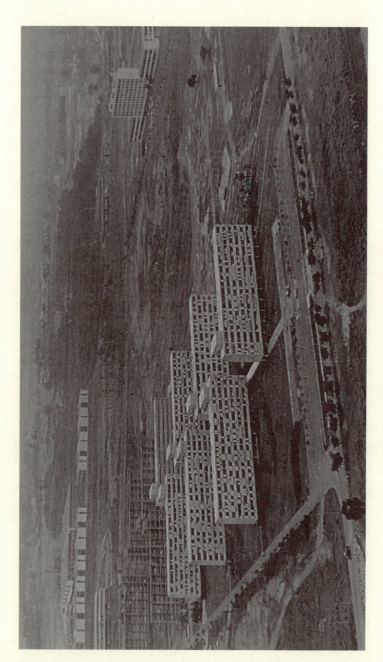

Fig. 21: Crusp, década 1960, acervo ccs, *Jornal da usp*.

Guaianases, no bairro Campos Elísios), os prédios foram esvaziados e os cursos que lá funcionavam foram transferidos para a Cidade Universitária.

A transferência dos cursos da rua Maria Antônia para Cidade Universitária Armando de Salles Oliveira fez com que vários alunos buscassem moradia no Crusp. O Crusp se consolida, a partir daí, como "o centro do movimento estudantil na cidade de São Paulo"[8]. Como lembra Alípio Freire, "o Crusp era um importante centro de efervescência, discussão e ação política" nesse período:

> Era no salão do Centro de Convivência onde aconteciam as grandes assembleias do movimento estudantil de São Paulo, animadas pelos grêmios e centros acadêmicos da USP, além da União Nacional dos Estudantes – UNE – e da União Estadual de Estudantes de São Paulo – UEE-SP. O espaço também abrigava encontros de outras entidades estudantis, inclusive secundaristas[9].

Em 17 de dezembro de 1968, quatro dias depois da decretação do Ato Institucional nº 5 – que marca o início do período mais violento da ditadura militar brasileira –, o Crusp foi invadido por forças do exército e seus moradores presos. Havia, à época, cerca de 1400 moradores no Crusp: as estimativas são de que entre oitocentos e mil estudantes foram presos.

Depois da invasão militar e do esvaziamento de 1968, o Crusp só voltaria a ser usado novamente como moradia de estudantes de graduação mais dez anos depois, em 1979.

---

8. Couto, *A Experiência Cruspiana*, vídeo-documentário, 1986. *On line:* <http://www.youtube.com/watch?v=G3riotbC2HM>.

9. Alípio Freire, "Leituras e Representações do Ano de 1968 no Brasil – Algumas Anotações", *Pro-Posições*, nº 3 (57), vol. 19, set./dez., 2008.

OCTAVIO IANNI
PAULO SINGER • GABRIEL COHN
FRANCISCO C. WEFFORT

POLÍTICA
E
REVOLUÇÃO SOCIAL
NO BRASIL

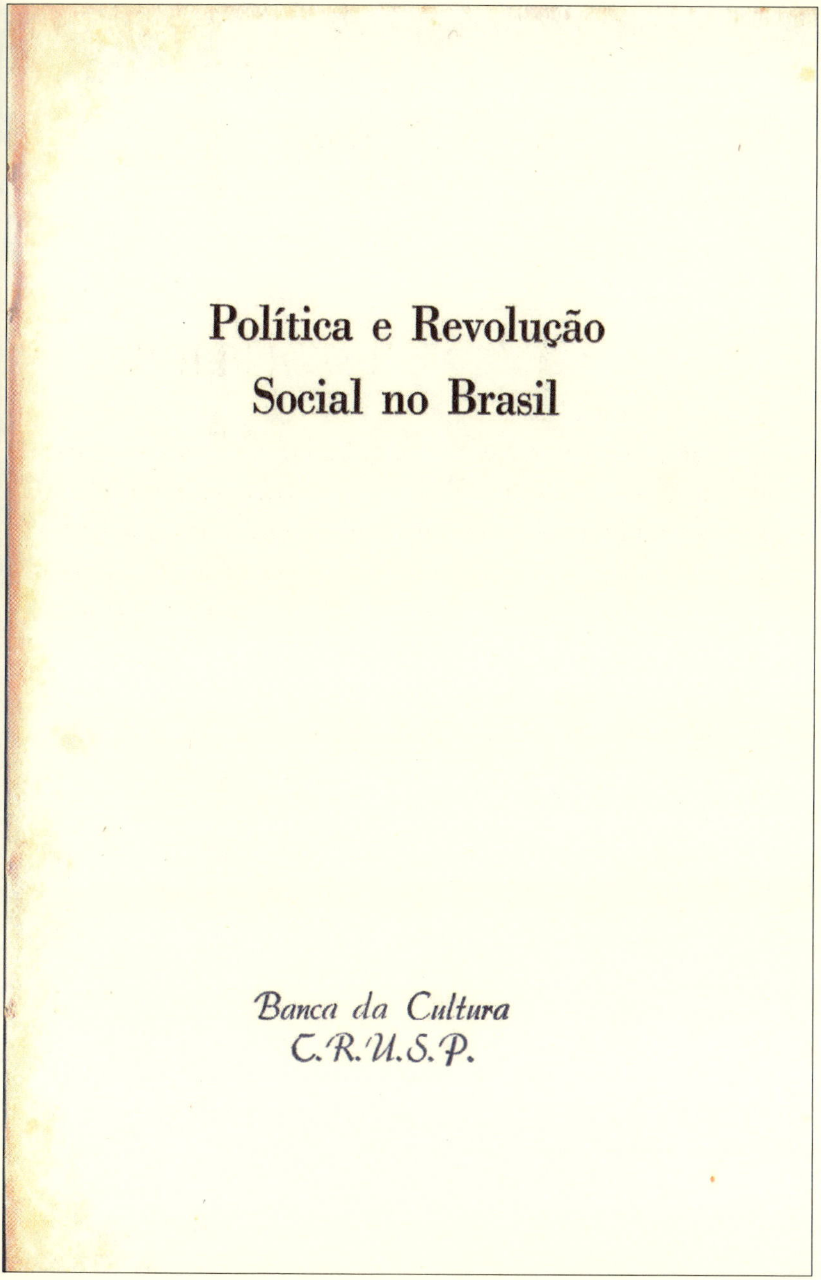

Política e Revolução
Social no Brasil

Banca da Cultura
C.R.U.S.P.

Fig. 22: Capa de livro e folha de rosto com carimbo da Banca da Cultura.

A livraria Banca da Cultura localizava-se no prédio do Centro de Vivência do Crusp. Fundada em fevereiro de 1967, manteve-se em funcionamento até 17 de dezembro de 1968, data da ocupação do Crusp por tropas do II Exército.

A LIVRARIA BANCA DA CULTURA NO INQUÉRITO POLICIAL MILITAR

Com o Crusp esvaziado e interditado, o general comandante do II Exército instaurou, em 18 de dezembro de 1968, através da portaria nº 15SJ, IPM para "apurar os fatos relacionados com as diligências levadas a efeito na manhã do dia 17 de dezembro de 1968, no conjunto Residencial da Universidade de São Paulo". O coronel Sebastião Alvim foi encarregado de conduzir o IPM e o Relatório ficou a cargo do segundo-sargento Carino Zanin.

O Relatório do IPM Crusp encontra-se disponível para consulta no Arquivo Público do Estado de São Paulo e graças a ações do movimento MovE Brasil há também uma versão digital na internet[10].

O Relatório do IPM Crusp é documento de 85 páginas. Depois de duas capas, a página 3 relata as condições em que forma feitas as investigações que constam do documento; faltam as páginas 4 e 5. Levando-se em conta o documento a partir da página 6, tem-se o seguinte sumário:

III – Agitação Subversiva (*1.* A greve de 1965; *2.* Invasão e ocupação do Bloco F; *3.* Portaria GR-373; *4.* Invasão e ocupação do Bloco G; *5.* Crimes de Sequestro; *6.* Ocupação da Administração do Issu);

---

10. "Crusp 68", *Crusp 68 – Memórias, Sonhos e Reflexões*, 2008. *On line:* <http://www.ebooksbrasil.org/crusp/Crusp68.html>.

"Quem Muda o Mundo São as Pessoas" – A Banca da Cultura...

IV – Propaganda Subversiva (1. Aurk; 2. Banca da Cultura; 3. Show Crusp; 4. Centrinhos; 5. Grêmio da Filosofia);
V – Subversão no Ensino Secundário;
VI – Segurança dos Subversivos;
VII – Infiltração Comunista;
VIII – Guerrilha Urbana;
IX – Dissolução dos Costumes;
X – Conclusões;
XI – Agentes da subversão (discriminação por nomes).

No Relatório do IPM Crusp as atividades da Banca da Cultura encontram-se no capítulo IV – Propaganda Subversiva, junto com outras instâncias consideradas como realizadoras da "propaganda subversiva no Crusp: a Associação Universitária Rafael Kauan, o *Show* Crusp, os Centrinhos e o Grêmio da Filo-USP".

O Relatório começa elencando itens que, a seu ver, fizeram do Crusp o "grande centro subversivo de São Paulo": *1*. Grande massa de estudantes; *2*. Estudantes politizados de várias escolas; *3*. Falta de autoridade "para coibir reuniões" e presença de líderes "agitadores"; *4*. Segurança das instalações contra uma "ação policial". Citando:

> A grande massa de estudantes nele residentes, procedentes do interior de São Paulo e outras regiões do país; ponto de contato de alunos de várias escolas e politizados pelos seus grêmios e "centrinhos"; a falta total de autoridade que coibisse a realização de reuniões e assembleias com a presença de líderes notoriamente agitadores esquerdistas que aliciavam e incitavam os residentes à desordem; a segurança proporcionada contra a eventualidade de uma ação policial e as excelentes condições das instalações para a concentração da massa estudantil; tudo isto concorria para que o CRUSP fosse o local indicado para a concentração das atividades do Movimento Estudantil e fosse transformado no grande centro subversivo de São Paulo (Relatório IPM Crusp).

Livros e Subversão

No que se refere a livraria Banca da Cultura, as acusações podem ser condensadas em três pontos:

1. A livraria Banca da Cultura participava do Movimento Estudantil "pela venda de grande quantidade de livros políticos de cunho marxista-leninista [...], e livros de guerrilhas [...] e todo tipo de literatura, dissolvente dos costumes nacionais, pela propaganda do materialismo e sexualismo, *procurando como objetivo atingir a "conscientização política" dos residentes no* CRUSP (grifo nosso);
2. A Banca da Cultura deixava expostos "jornais e revistas dos diversos matizes ideológico, esquerdizantes, procedentes de organizações estudantis espúrias";
3. A Banca da Cultura teria atuado como um órgão coordenador de finanças do Congresso da UNE de 1968.

Segundo o Relatório do IPM Crusp, depois de esvaziado o Crusp os encarregados do Inquérito promoveram a liquidação da mesma – devolveram livros em consignação e quitaram as dívidas.

O Inquérito ressalta duas editoras, Civilização Brasileira e Escriba, e uma livraria, a Francesa, como fornecedoras de livros para a Banca da Cultura.

A BANCA DA CULTURA NAS PALAVRAS DO LIVREIRO FERNANDO MANGARIELO

Fernando Celso de Castro Mangarielo, estudante de Estudos Orientais, mudou-se para o Crusp no final de 1967, quando o curso foi transferido dos prédios da rua Maria Antônia para a Cidade Universitária.

[...] no final de 1967. [...] O curso mudou para o prédio de História, e eu fui admitido no CRUSP. Participei lá da invasão do Bloco F, depois do Bloco G,

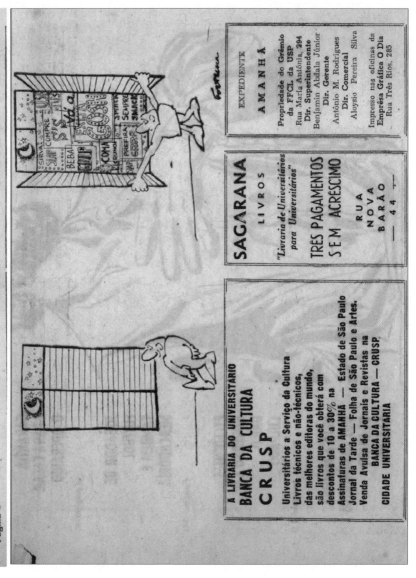

Fig. 23: Anúncio Livraria Banca da Cultura – Jornal *Amanhã*, Grêmio FFCL da USP (rua Maria Antônia, 294), número 4 – 20 a 27 de abril de 1967 (*Fonte*: CPV – Centro de Documentação e Pesquisa Vergueiro – <www.cpvsp.org.br>. Disponível em: < http://www.cpvsp.org.br/upload/periodicos/pdf/PAMANSP041967004.pdf>).

onde fiquei morando até a expulsão pelo Exército, que ocupou e expulsou todo mundo (entrevistas aos autores concedidas em junho de 2013 – fonte para todas as falas de F. Mangarielo).

Por ter alguma experiência com livros – havia trabalhado na Livraria Denucci, no Centro de São Paulo – Mangarielo foi convidado cuidar da Banca da Cultura. Ele e Francisco Renzo Pereira Goulart constituem a última diretoria da livraria:

> Eu era o responsável pela livraria [...]. No Crusp [...] havia um centro de vivência, era uma área imensa ao lado do bar. [...]
> Entrei porque houve uma troca de diretoria. Souberam que eu era do ramo do livro, aí fui ajudar o meu amigo que era o chefe geral do Crusp, o Celso Néspoli Antunes, e ele me convidou para fazer um trabalho de organização da Banca da Cultura. Fui trabalhar junto com o Francisco [Renzo Pereira Goulart], que era da História.

Fig. 24: Capa Carteira Associação Estudantil Crusp.

Mangarielo relata como, ao ganhar a confiança de diversos editores, acertando dívidas anteriores e propondo novos negócios, conseguiu que a Banca da Cultura crescesse e se tornasse uma grande livraria:

> E eu era muito presente [...] tinha o tempo todo para atender os livreiros que me conheciam, que visitavam a livraria para vender livros. Alguns deles

"Quem Muda o Mundo São as Pessoas" – A Banca da Cultura...

tinham o hábito de chegar cedo, e eu ainda estava dormindo no meu apartamento e recebia muitos deles, foi sempre informal. E aquilo prosperou. Aí eles diziam: "Fernando, agora que você está aqui vamos confiar. Como é que você pode pagar?" Eu sugeri que fossem feitas feiras de livros dentro das outras faculdades para agilizar o giro do capital. Foi isso o que fizemos, levantamos o dinheiro e pagamos o que devíamos. Ganhei o respeito de todos [...]. Aí surgiu a confiança. [...] Então, aí foi o mundo dos livros.

Sobre a confiança dos editores, Mangarielo relata que a livraria chegou mesmo a comercializar em 45 dias praticamente uma edição inteira, 1500 exemplares, de *O Estado e a Revolução* (autoria de Lenin, publicado pela editora Diálogo, de Niterói, de propriedade de Aníbal Bragança), e que a partir daí o acesso aos editores ficou bem fácil. "Todos os editores, quando viram o sucesso da editora Diálogo, os grandões das editoras iam lá. Da Companhia Editora Nacional, antes ia o vendedor, depois o chefe dos vendedores de São Paulo ia lá. E depois o diretor."

A livraria Banca da Cultura ficava dentro do Centro de Vivência, perto do restaurante universitário, conhecido como bandejão. Alunos e professores da USP eram os compradores da livraria:

Os compradores, os clientes, eram alunos, professores e tudo mais... Eram as pessoas que vinham almoçar no bandejão. [...] O pico das vendas era no almoço e no jantar. [...] Inclusive começávamos nove horas, dez horas, por isso que o livreiro que chegava cedo eu atendia no meu apartamento... No Crusp nós éramos uns oitocentos a 1.100 alunos, [...] se servia três mil, quatro mil refeições por dia.

Sobre as editoras e os títulos comercializados, Mangarielo ressalta que a livraria "deveria ter mais ou menos de três mil a 3500 títulos" e que a Editora Civilização Brasileira era a mais presente, ao lado de Zahar, Brasiliense, José Olympio, Saga e Sabiá:

Livros e Subversão

A Civilização Brasileira liderava tudo aquilo... Porque ela tinha literatura, tinha história, tinha filosofia, tinha tudo. Mas havia a Zahar, a Brasiliense, a José Olympio... Eu me lembro de conversas com o vendedor da José Olympio, com o diretor dela... A Saga, a Sabiá.

A presença de outros livreiros na cidade universitária no ano de 1968 é uma lembrança clara para Mangarielo:

> Existiam também livreiros independentes. [...] No prédio de Química tinha um, na Física, na Matemática, na Poli tinha dois, três... Na História era o Raul [Mateos Castell]. Na Psicologia [...] deveria haver, nessa época, uns quinze livreiros na Cidade Universitária. *Porque havia pessoas que tinham militância política no livro* (grifo nosso).

Mangarielo permaneceu por cerca de onze meses como livreiro da Banca da Cultura, até a invasão do Crusp pelo Exército: "A Banca estava lá, funcionando. O Exército chegou às quatro horas da manhã do dia 17 de dezembro de 1968, e ouvi o barulho dos tanques...".

Anos depois, em 1973, Fernando Mangarielo fundará, junto com sua esposa Claudete, a editora Alfa-Ômega, que até hoje tem por objetivo publicar "o pensamento crítico":

> O que me fez ter consciência crítica [...] é que eu sei o grau de utilidade social que tem a editora e que tem a minha profissão. Meu objetivo é publicar livros que tragam um aumento da consciência científica em primeiro lugar, da consciência crítica em segundo. Porque eu não posso esquecer do Crusp, daquela efervescência, nunca vou esquecer disso.

Nas memórias do ex-morador do Crusp Mouzar Benedito, o caráter crítico e político dos livros presentes na Banca da Cultura era evidente:

"Quem Muda o Mundo São as Pessoas" – A Banca da Cultura...

No fundo do Centro de Vivência, ficava a Banca da Cultura. [...] Dirigida pelo estudante Fernando Mangarielo, atual proprietário da Editora Alfa-Ômega, na época mais conhecido pelo apelido Fernando Moscou, simpático e amigo de todo mundo, se me lembro bem os preços ali eram menores que nas livrarias tradicionais e era possível pagar em prestações. Se me lembro bem, reafirmo. Não me lembro se existiam livros "comuns" na Banca da Cultura. Eu só ia lá para comprar livros "políticos", de esquerda (entrevistas aos autores).

ANOTAÇÃO FINAL

A frase: "Livros não mudam o mundo, quem muda o mundo são as pessoas; os livros só mudam as pessoas", costuma ser atribuída ao político romano Caio Graco (154 a.C.-121 a.C.). Por caminhos totalmente diversos, partindo de pressupostos e posições políticas diferentes e conflitantes e em arcabouços ideológicos antagônicos, tanto o documento do II Exército quanto o livreiro Mangarielo parecem concordar com esta afirmação.

O Relatório do Inquérito Policial Militar sobre o Conjunto Residencial da Universidade de São Paulo 1968-1969 indicou o Crusp, em 1968, como o "grande centro subversivo de São Paulo" e ressaltou claramente a participação da livraria Banca da Cultura "dentro do Movimento Estudantil" e sua atuação em "atingir a 'conscientização política' dos residentes no Crusp".

Por seu turno, o livreiro Fernando Mangarielo também declara ver na cultura impressa, nos livros, uma possibilidade de "aumento da consciência crítica" e afirma que há editores e livreiros que fazem "a militância política no livro".

Ainda sobre as acusações da Polícia Militar quanto às atividades "subversivas" no Crusp, citemos que de 17 a 26 de janeiro de 1969 houve no centro de São Paulo, no saguão dos Diários Associados, à rua 7 de Abril, 230, uma exposição aberta ao público do "material subversivo apreendido no Crusp". Na apresentação prévia à imprensa, o material estava organizado em categorias; na categoria "doutrinação" constavam livros, panfletos e jornais. Entre os livros expostos estavam, além de obras de Marx e Engels, *Estado e Capitalismo*, de Octavio Ianni, *O Poder Jovem*, de Arthur José Poerner, *Dialética do Desenvolvimento*, de Celso Furtado e vários números da revista *Civilização Brasileira*[11].

*****

Roger Chartier em *Origens Sociais da Revolução Francesa* discute a hipótese de que os livros podem ter sido estruturantes na Revolução de 1798. Chartier parte de textos de Alexis de Tocqueville, Hippolyte Taine e Daniel Mornet, autores que acreditam que "carregadas pela palavra impressa, as novas ideias conquistavam a mente das pessoas, moldando sua forma de ser e propiciando questionamentos" e, portanto, "se os franceses do final do século XVIII moldaram a Revolução foi porque haviam sido, por sua vez, moldados pelos livros"[12].

Chartier afirma que a expansão do hábito de leitura século XVIII foi acompanhada de uma nova maneira de ler, menos sacralizada, mais analítica e reflexiva e que essa atitude questionadora por parte dos leitores constitui o quadro geral em que se deu a força do livro como instrumento de mudanças sociais profundas. Ou seja, segundo Chartier, a expansão da leitura autonomamente reflexiva foi condição para que os leitores do século XVIII, na França,

---

11. "II Exército Exibe Material que Apreendeu na Ocupação do Crusp", *Folha de S. Paulo*, 1º Caderno, 22.12.1968, p. 8.
12. Roger Chartier, *Origens Sociais da Revolução Francesa*, trad. G. Schlesinger, São Paulo, Editora Unesp, 2009, p. 115.

II Exército exibe o material que apreendeu na ocupação do CRUSP

Armas e munição, ácidos, livros e jornais de entidades ilegais foram encontrados pelo Exército no CRUSP

O Exército apresentou ontem à parte à imprensa, no Quartel General da II Divisão de Infantaria, o material apreendido no Conjunto Residencial da Cidade Universitária — CRUSP — durante a ocupação militar daquele próprio municipal, no terça-feira.

Entre o material apreendido e considerado subversivo estavam rifles, bombas, revólveres, roíões, ácidos, panfletos, jornais de entidades estudantis postas fora da lei, apontador o tubo — eles colocavam pólvora, e p:dago; de ferro. Depois amassavam tudo e na ponta colocavam um pavio, que assim que estivesse aceso faria explodir a pólvora, soltando os pedacinhos de ferro a longa distancia. Esta arma é largamente utilizada no Vietnã".

Outra arma que o coronel declarou ser utilizada no Vietnã é um tridente — três pregos soldados juntos de forma que sempre um fique para cima — "para tentarem uma infiltração", e apontou para fardas, capacetes e coturnos militares expostos em cima de uma mesa.

O coronel Danilo da Cunha Mello, explicou que "o Exército tinha conhecimento de que todos elementos subversivos de São Paulo estavam concentrados no CRUSP. Tanto os estudantes como os não estudantes. Não prendemos ninguém, apenas isolamos os estudantes, cinco moravam juntos, num mesmo apartamento, onde foram encontrados os cinco rifles expostos."

EXPOSIÇÃO PERMANENTE

O coronel, concluiu anunciando que "o Exército irá realizar uma exposição permanente dos materiais subversivos apreendidos até hoje. O local ainda não foi designado.»

MARXISTA

"Apenas parte do material apreendido está aqui exposto — continuou — mas já é o suficiente para vermos a doutrinação de carater marxista de todas as obras apreendidas".

Entre os livros expostos estavam:

Marx: "O Capital", "Contribuição à Crítica da Economia Política", "Miséria da Filosofia", "Obras Escolhidas" de Marx e Engels; Mao Tse Tug: "O Livro Vermelho de Mao Tse-Tung", "Obras Escolhidas", e vários artigos publicados em separado; Che Guevara: "Textos de Che Guevara", "Diario de Che Guevara na Bolivia", "Guerras e Guerrilhas" e "Meu Amigo Che", de Ricardo Rojo; Lenin: "O Estado e a Revolução", "O Trabalho do Partido entre as Massas", "As Duas Taticas da Social Democracia", "Fundamentos do Leninismo"; Outras Obras: "O Vietnã segundo Giap", do general norte-vietnamita Giap; todos os últimos numeros da "Revista Civilização Brasileira"; "Ensaios Sobre o Capitalismo e Socialismo", de Paul M. Sweezy, "Ideologia da Sociedade Industrial" de Herbert Marcuse; "O Estado Militarista", de Fred J. Cook; "O Poder Jovem", de Arthur José Poerner; "Estado e Capitalismo", do professor Otavlo Ianni; "Dialetica do Desenvolvimento", de Celso Furtado, etc.

Fig. 26: "II Exército Exibe Material que Apreendeu na Ocupação do Crusp", *Folha de S. Paulo*, 1º Caderno, 22.12.1968, p. 8 (trechos).

Fig. 27: Um dos livros apreendidos: Octavio Ianni, *Estado e Capitalismo*, São Paulo, Civilização Brasileira, 1965. Capa: Eugênio Hirsch.

pudessem compreender e apreender o caráter revolucionário das novas ideias que circulavam através dos livros.

Com as devidas ressalvas e proporções, pode-se dizer que no ano de 1968, no Crusp, centro do movimento estudantil na cidade de São Paulo, o ambiente de discussão cultural e política constituía um solo fértil para que ideias críticas, inclusive as registradas e transmitidas por meio impressos, florescessem, se fortificassem e expandissem. A história da livraria Banca da Cultura no Crusp nos leva a pensar no papel social e cultural que os livros, as editoras que os publicam e os livreiros que os vendem podem desempenhar – e efetivamente desempenham – nos embates políticos e ideológicos que se travam em certos momentos e condições históricas específicas, quando assumem certo protagonismo.

*****

Referências Bibliográficas

ALVES, Maria Helena Moreira. *Estado e Oposição no Brasil (1964-1984)*. Bauru, SP, Edusc, 2005.

ANDRADE, Carlos Drummond de. *De Notícias & Não Notícias Faz-se a Crônica: Histórias – Diálogos – Divagações*. São Paulo, Companhia das Letras, 2013.

ARNS, Paulo Evaristo (org.). *Brasil: Nunca Mais*. São Paulo, Vozes, 1996.

ARQUIDIOCESE DE SÃO PAULO. *Projeto A – Brasil: Nunca Mais (BNM)*. São Paulo, 1985.

ARQUIVO PÚBLICO DO ESTADO DO RIO DE JANEIRO. *Os Arquivos das Polícias Políticas: Reflexos de Nossa História Contemporânea*. Rio de Janeiro, Faperj, 1994.

AZEVEDO, Isabel Cristina Alencar de. *Revista Civilização Brasileira (1965-1968) – Projeto Cultural em Revista*. Departamento de Letras, UFRJ, 1999. Dissertação de Mestrado em Letras.

BARBOSA, Marialva & RIBEIRO, Ana Paula Goulart. "Comunicação e História: Um Entrelugar". *Comunicação e História – Partilhas Teóricas*. Florianópolis, Insular, 2011.

BARROS, Lidia Almeida. "A Toponímia Oficial e Espontânea na Cidade Universitária – Campus Butantã da USP". *Revista USP*, nº 56, São Paulo, dez./fev. 2002-2003.

BOURDIEU, Pierre. *Razões Práticas: Sobre a Teoria da Ação*. Campinas, Papirus, 1996.

BRAGA, José Luiz. *O Pasquim e os Anos 70: Mais pra Epa que pra Oba*. Brasília, Editora UnB, 1991.

BRAGANÇA, Aníbal. "Ave, Cesar! Viva, Cesar!". In: ARAUJO, César de. *Um Sol Maior que o Sol*. Brasília, Thesaurus, 2006. Disponível em: <http://www.almadepoeta.com/cesardearaujo1.htm>.

_____. "Depoimento – Sobre a Livraria e a Ditadura para Sofia Bragança Peres". Texto inédito.

_____. *A Livraria Ideal: Do Cordel à Bibliofilia*. 2ª ed., São Paulo, Edusp, 2009.

CARDOSO, Irene R. *A Universidade da Comunhão Paulista*. São Paulo, Autores Associados/Cortez, 1982.

_____. "Passado e Presente Desfocados". *O Estado de S. Paulo*. 6.10.2013, p. E7.

CASTELLO BRANCO, Zonildo. *Segurança Nacional e Subversão (Dicionário Teórico e Prático)*. Rio de Janeiro, Secretaria de Segurança Pública do Estado do Rio de Janeiro, 1977.

CHARTIER, Roger. *Origens Sociais da Revolução Francesa*. Trad. G. Schlesinger. São Paulo, Editora Unesp, 2009.

COUTO, Nilson. *A Experiência Cruspiana*. Vídeo-documentário, 1986, *On line*: <http://www.youtube.com/watch?v=G3riotbC2HM>. Acesso em: 11.10.2013.

CRUSP68 – *Memórias, Sonhos e Reflexões*. 2008. *On line*: <http://www.ebooksbrasil.org/crusp/Crusp68.html>. Acesso em: 11.10.2013.

FÉLIX, Moacyr. "Ideologia da Cultura Brasileira". *O Pasquim*, Ano 9, nº 435, 28.10 a 4.11.1977, Rio de Janeiro.

FERREIRA, Jerusa (org.). *Ênio Silveira*. São Paulo, Com-Arte/Edusp, 1992. Editando o Editor 3.

FICO, Carlos. *Como Eles Agiam – Os Subterrâneos da Ditadura Militar: Espionagem e Polícia Política*. Rio de Janeiro, Record, 2001.

_____. "'Prezada Censura': Cartas ao Regime Militar". *Topoi – Revista de História*, nº 5, Rio de Janeiro, UFRJ, set. 2002, pp. 251-286.

FREIRE, Alípio. "Leituras e Representações do Ano de 1968 no Brasil – Algumas Anotações". *Pro-Posições*, vol. 19, nº 3 (57), set./dez., 2008.

Referências Bibliográficas

FREITAS, Guilherme. "Terror Cultural". *O Globo*. Rio de Janeiro, Caderno Prosa, 22.3.2014, p. 6.

GASPARI, Elio. *A Ditadura Escancarada*. São Paulo, Companhia da Letras, 2002.

GODOY, Marcelo. *A Casa da Vovó: Uma Biografia do DOI-CODI*. São Paulo, Alameda, 2014.

HALLEWELL, Laurence. *O Livro no Brasil: Sua História*. 3ª ed., São Paulo, Edusp, 2012.

ISHAQ, Vivien; FRANCO, Pablo & SOUSA, Tereza de. *A Escrita da Repressão e da Subversão, 1964-1985*. Rio de Janeiro, Arquivo Nacional, 2012.

KAREPOVS, Dainis. "A Gráfico-Editora Unitas e seu Projeto Editorial de Difusão do Marxismo no Brasil nos Anos 1930". In: DEAECTO, Marisa Midori & MOLLIER, Jean-Yves (orgs.). *Edição e Revolução: Leituras Comunistas no Brasil e na França*. Belo Horizonte/São Paulo, UFMG/Ateliê, 2013, pp. 65-119.

KUSHNIR, Beatriz. *Cães de Guarda – Jornalistas e Censores, do AI-5 à Constituição de 1988*. São Paulo, Boitempo Editorial, 2004.

LEMOS, Andréa. "Ênio Silveira: O Empresário Militante". In: MATTOS, Marcelo Badaró (org.). *Livros Vermelhos: Literatura, Trabalhadores e Militância no Brasil*. Rio de Janeiro, Bom Texto, Faperj, 2010.

LUCA, Tânia Regina de. *A Revista do Brasil – Um Diagnóstico para a (N)ação*. São Paulo, Edusp, 1999.

MARCELINO, Douglas Attila. *Subversivos e Pornográficos: Censura de Livros e Diversões Públicas nos Anos 1970*. Rio de Janeiro, Arquivo Nacional, 2009.

MARCONI, Paolo. *A Censura Política na Imprensa Brasileira (1968-1978)*. São Paulo, Global, 1980.

MAUÉS, Flamarion. "A Tortura Denunciada Sem Meias Palavras: Um Livro Expõe o Aparelho Repressivo da Ditadura". In: SANTOS, Cecília MacDowell; TELES, Edson Luís de Almeida & TELES, Janaina de Almeida (orgs.). *Desarquivando a Ditadura: Memória e Justiça no Brasil*, São Paulo, Hucitec, 2009, vol. 1, pp. 110-34.

_____. *Livros Contra a Ditadura: Editoras de Oposição no Brasil, 1974-1984*. São Paulo, Publisher, 2013.

Moraes, João Quartim. "Liberalismo e Fascismo, Convergências". *Crítica Marxista* nº 8, São Paulo, 1999, p. 30.

Mota, Carlos Guilherme. *A Ideologia da Cultura Brasileira*. Rio de Janeiro, Editora 34, 2008.

Motoyama, Shozo (org.). *USP 70 Anos. Imagens de uma História Vivida*. São Paulo, Edusp, 2006.

Motta, Rodrigo Patto Sá. *As Universidades e o Regime Militar*. Rio de Janeiro, Jorge Zahar, 2014.

_____. *Em Guarda Contra o "Perigo Vermelho": O Anticomunismo no Brasil (1917-1964)*. São Paulo, Perspectiva/Fapesp, 2002.

Pereira, Luciana Lombardo Costa. *A Lista Negra dos Livros Vermelhos: Uma Análise Etnográfica dos Livros Apreendidos pela Polícia Política no Rio de Janeiro*. Rio de Janeiro, Museu Nacional, UFRJ, 2010. Tese do Programa de Pós-Graduação em Antropologia Social.

Ramos, Renata Santiago. "Alojamento Universitário como Lugar no Campus, Caso Crusp". *1 Enanparq* (Encontro Nacional da Associação Nacional de Pesquisa e Pós-Graduação em Arquitetura e Urbanismo). 2010. *On line:* <http://www.anparq.org.br/dvd-enanparq/simposios/106/106-629-1-SP.pdf>. Acesso em: 11.10.2013.

Reimão, Sandra. *Repressão e Resistência: Censura a Livros na Ditadura Militar*. São Paulo, Edusp/Fapesp, 2011.

Relatório IPM Crusp 1968-1969. *On line:* <http://movebr.wikidot.com/crusp:ipm-68>. Acesso em: 11.10.2013.

Ribeiro, Ana Paula Goulart. "Os Anos 1960-70 e a Reconfiguração do Jornalismo Brasileiro". In: Sacramento, Igor & Matheus, Letícia Cantarela (orgs.). *História da Comunicação: Experiências e Perspectivas*. Rio de Janeiro, Mauad, 2014.

Schwarz, Roberto. *O Pai de Família e Outros Estudos*. Rio de Janeiro, Paz e Terra, 1978.

Referências Bibliográficas

SILVA, Deonísio da. *Nos Bastidores da Censura: Sexualidade, Literatura e Repressão Pós-64.* São Paulo, Estação Liberdade, 1989.

SILVEIRA, Maria Rita Jobim. *A Revista Civilização Brasileira: Um Veículo de Resistência Intelectual.* PUC-RJ, 2007. Dissertação de Mestrado.

SORÁ, Gustavo. *Brasilianas: José Olympio e a Gênese do Mercado Editorial Brasileiro.* São Paulo, Edusp, 2010.

STEPHANOU, Alexandre Ayub. *Censura no Regime Militar e Militarização das Artes.* Porto Alegre, Edipucrs, 2001.

TAVARES, José Nilo. "Introdução". In: LENIN. *O Estado e a Revolução. O Conceito Marxista do Poder.* Niterói, Diálogo Livraria e Editora, 1968, pp. 9-16.

TOLEDO, Caio Navarro. *Iseb: Fábrica de Ideologias.* São Paulo, Ática, 1982.

VENTURA, Zuenir. *Minhas Histórias dos Outros.* São Paulo, Planeta do Brasil, 2005.

VIEIRA, Luiz Renato. *Consagrados e Malditos – Os Intelectuais e a Editora Civilização Brasileira.* Brasília, Thesaurus, 1998.

_____."Anúncio Livraria Banca da Cultura". Jornal *Amanhã*, Grêmio FFCL da USP (rua Maria Antônia, 294), nº 4 – 20 a 27 de abril de 1967. Fonte: CPV – Centro de Documentação e Pesquisa Vergueiro – www.cpvsp.org.br. Disponível em: <http://www.cpvsp.org.br/upload/periodicos/pdf/PAMANSP041967004.pdf>.

_____."Conversa Literária com Aníbal Bragança na Academia Niteroiense de Letras". Página Eletrônica *Focus Portal Cultural II*. 22.4.2013. Disponível em: <http://focusportalcultural.blogspot.com.br/2013/04/conversa-literaria-com-anibal-braganca.html>.

_____."Entrevista com o Historiador Aníbal Bragança". *Revista Tema Livre* (eletrônica). Ano VI, ed. nº 12, Niterói, Rio de Janeiro, 25.4.2007. Disponível em: <http://www.revistatemalivre.com/anibal12.html>.

_____ & VENTURA, Zuenir. Entrevista Concedida ao Programa *Roda Viva* (TV Cultura), 1988.

_____."II Exército Exibe Material que Apreendeu na Ocupação do CRUSP". *Folha de S. Paulo.* 1º Caderno, 22.12.1968, p. 8.

_____. *Entrevistas aos Autores – Fernando Mangarielo.* São Paulo, junho 2013.

_____. *Entrevistas aos Autores – Mouzar Benedito.* São Paulo, setembro e outubro 2013.

Título	Livros e Subversão – Seis Estudos
Organizadora	Sandra Reimão
Editor	Plinio Martins Filho
Produção Editorial	Aline Sato
Foto da Capa	Imagem tirada do site www.pixabay.com
Projeto da Capa	Camyle Cosentino
Revisão	Plinio Martins Filho
Editoração Eletrônica	Camyle Cosentino
Formato	14 x 21 cm
Tipologia	Minion
Papel	Pólen Soft 80 g/m^2 (miolo)
	Cartão Supremo 250 g/m^2 (capa)
Número de Páginas	176
Impressão e Acabamento	Rettec Artes Gráficas